L'ORGANISATION ÉCONOMIQUE

DE

L'AFRIQUE OCCIDENTALE

FRANÇAISE

LIBERTÉ — RÉGLEMENTATION

RAPPORT

Adressé à M. le Ministre du Commerce et de l'Industrie

PAR

ASPE-FLEURIMONT

CONSEILLER DU COMMERCE EXTÉRIEUR DE LA FRANCE

1901

L'ORGANISATION ÉCONOMIQUE

DE

L'AFRIQUE OCCIDENTALE FRANÇAISE

LIBERTÉ — RÉGLEMENTATION

I

COUP D'ŒIL SUR L'ORGANISATION ADMINISTRATIVE

Après les nombreux travaux auxquels se sont livrés, au cours de l'Exposition qui vient de se clore, le *Congrès colonial*, le *Congrès de sociologie coloniale* et le *Congrès de géographie économique et commerciale*, il peut paraître oiseux de vouloir traiter, en quelque sorte après coup, des questions dont ont si bien parlé les auteurs de quelques-unes des *notices* spéciales à chaque colonie et des écrivains de la valeur et de la compétence du très distingué chef du service géographique au ministère des Colonies, M. Camille Guy, qui vient de publier un ouvrage remarquable sur la *Mise en valeur de notre domaine colonial*.

Il nous a semblé, cependant, que le sujet n'était pas épuisé et qu'il y avait encore quelque chose à dire, notamment sur l'utilisation de nos nouveaux territoires de l'Ouest-Africain. Le Sénégal occupe une situation à part et nous ne parlerons guère de lui que pour établir certains points de comparaison. Quant au Congo, dont on avait jadis beaucoup espéré sous l'administration de M. de Brazza, on a été obligé de reconnaître que notre pays n'en ferait jamais rien si l'on ne se résolvait pas à l'organiser, en renonçant au régime de liberté économique dont il jouissait depuis de longues années et qui n'avait produit que des résultats négatifs, aussi bien dans l'ordre financier qu'au point de vue commercial. On sait, aussi, quelle est l'organisation de la Guinée française, de la Côte d'Ivoire et du Dahomey. Chacune de ces colonies est administrée |par un gouverneur ayant actuellement les pouvoirs les plus étendus ; il est assisté d'un *Conseil privé* composé des principaux fonctionnaires de la colonie et de quelques négociants. Ceux-ci étant en minorité, par rapport aux éléments administratifs, on conçoit combien est nécessaire l'institution des *délégués* au Conseil supérieur des colonies, non pas que ce conseil occupe le rang et possède l'influence que voulaient pour lui ceux qui l'ont créé — puisque, en fait, il ne se réunit jamais et n'est pas consulté — mais parce que le délégué, étant le mandataire, l'élu des divers intérêts des colons et négociants, se trouve placé pour soumettre au Ministre des Colonies les désirs, les besoins et, même, les doléances de ceux dont la situation est parfois si digne d'une attention bienveillante. Aussi peut-on souhaiter que le délégué de chaque colonie aille visiter celle-ci presque tous les ans, de façon à rester en contact permanent avec ses mandants. Au-dessus des gouverneurs locaux est placé le Gouverneur Général de l'Afrique Occidentale. On a différé d'opinions sur l'utilité de cette fonction, les gouverneurs correspondant directement avec le département des Colonies ; on a dit que le gouverneur général, résidant à Saint-Louis, était surtout le gouverneur du Sénégal et qu'il était trop éloigné du centre des vastes pays placés sous sa haute administration pour exercer son autorité d'une manière appréciable ; on a ajouté, enfin, que, la période des conquêtes militaires étant close et le Soudan disloqué (décret 18 octobre 1899), la cause des rivalités, des conflits passés était disparue et que, dans ces conditions, le Gouvernement Général constituait un rouage inutile et compliqué, sans aucun profit pour l'expédition des affaires. Nous ne prendrons pas parti ; car il y aurait beaucoup à dire sur les causes qui ont présidé à la naissance du Gouvernement Général, sur le rôle qu'il pouvait jouer et sur les motifs qui sont de nature à appeler des transformations dans son fonctionnement. Nous nous bornerons à exprimer, ici, notre satisfaction profonde de voir l'honorable M. Ballay devenu Gouverneur Général, assuré qu'il apportera, dans cette très haute fonction, les qualités de prudence et de fermeté, de prévoyance et de volonté qu'il a déployées si remarquablement dans l'administration de sa colonie de prédilection, la Guinée française. Enfin l'on trouve, en remontant encore plus haut dans les sphères supérieures de l'administration coloniale, au pavillon de Flore, la direction de l'Afrique à la tête de laquelle est placé, depuis plusieurs années, un colonial, éminent assurément, doublé d'un homme aimable, M. Binger. Tous ceux qui s'intéressent à l'Afrique et qui la connaissent autrement que par des récits de voyage savent quels services son expérience lui a permis de rendre à la colonisation de ce pays, depuis qu'il dirige cet important et difficile service. On se rappelle que, jusqu'en 1896, l'administration centrale du ministère des colonies était divisée en un certain nombre de directions : Affaires politiques et commerciales, Comptabilité et Services pénitentiaires, Défense, Contrôle, Travaux publics.

A cette époque, M. André Lebon modifia cette organisation; on a, depuis lors, la direction des affaires d'Afrique, d'Asie, Amérique et Océanie, la Comptabilité et services pénitentiaires, la direction de la défense étant supprimée et remplacée par un simple bureau.

Cette division, fort heureuse, correspond, d'une manière logique, aux groupements principaux de nos colonies, lesquelles, prises séparément, sont si différentes par leur nature et leurs besoins. Il est à peine utile d'insister sur les inégalités profondes qui apparaissent entre les conditions d'existence de notre empire d'Indo-Chine et les mœurs de ses habitants, d'une part, et l'état, les habitudes des peuplades noires de l'Afrique occidentale, d'autre part. Pour appliquer à chacun de ces vastes pays la politique économique, le régime de colonisation qui lui conviennent, il est nécessaire que des chefs de service expérimentés et connaissant, par eux-mêmes, ces régions, puissent travailler compétemment sous l'autorité directe du Ministre et lui fournir, à tout instant, à travers l'écheveau compliqué des propositions émanées de l'initiative parlementaire et des conflits naissants de la diversité des intérêts particuliers, des éléments de décision sûrs et puisés à bonne source. L'examen des autres rouages administratifs du département des Colonies n'entrant pas dans le cadre de cette étude, nous ne rechercherons pas s'il y aurait l'utilité à voir créer une direction commerciale dont le besoin a été parfois signalé; il y a lieu de se demander, à cet égard, s'il ne suffirait pas de rattacher plus étroitement l'Office colonial à l'administration des Colonies, de façon que le haut fonctionnaire, qui serait placé à sa tête, possède le droit et le moyen d'obtenir, avec l'autorité qui s'attache aux instructions venant du pouvoir central, les renseignements économiques, les statistiques, les échantillons de marchandises et de produits, qu'on obtient si difficilement, à l'heure actuelle, des administrations locales de la plupart de nos colonies. Il y aurait, là, un progrès réel dont le commerce et l'industrie de la métropole profiteraient rapidement.

II

LE RÉGIME ÉCONOMIQUE DE L'AFRIQUE OCCIDENTALE FRANÇAISE

Le régime économique de nos cinq colonies de l'Ouest-Africain (Sénégal, Guinée, Côte d'Ivoire, Dahomey, Congo) est suffisamment connu pour que quelques lignes suffisent à en résumer les éléments principaux. Les statistiques, qui les concernent et qui font l'objet de publications régulières, sont assez familières au monde colonial pour nous permettre de faire peu de citations, estimant préférable d'essayer d'en dégager les conclusions.

La *liberté économique* et, par opposition, la *réglementation appropriée* s'appliquent aux relations extérieures des colonies avec la métropole et les pays étrangers et, aussi, aux conditions qui président, dans l'intérieur de chacune d'elles, au régime des terres, à l'emploi de la main-d'œuvre, aux affaires du négoce.

Ces expressions nous paraissent convenir beaucoup mieux que celles de *libre échange* et de *protection*, qu'on emploie d'ordinaire, au sujet assez complexe que nous abordons. On verra que, par la force même des choses et sous l'influence de nécessités plus impérieuses que les principes, là où l'on s'était fait un devoir, ou mieux, une doctrine, de laisser la plus grande somme de libertés, on a dû recourir à une réglementation en opposition avec la doctrine. En voici un exemple frappant : bien que la liberté commerciale la plus étendue ait constitué la base essentielle du programme du créateur de la Guinée française, le Dr Ballay, ce dernier a cru devoir[1] limiter très restrictivement les points de la colonie au delà desquels les commerçants ne pourraient pas établir de factoreries; c'est là une réglementation d'ordre *intérieur;* en matière d'ordre *extérieur*, le gouverneur de la Guinée a établi[2] la taxe d'importation indirecte frappant d'un droit spécial les marchandises d'Europe qui n'arriveraient pas en droiture, mais qui transiteraient, par exemple, avant d'entrer en Guinée, par Sierra-Leone, qu'il fallait à tout prix détrôner. Le but était louable et l'expérience a démontré qu'il avait été assez bien atteint; mais qu'a-t-on fait, dans les deux circonstances que nous venons de rappeler, du principe de la liberté commerciale? Son application était gênante, pouvait nuire soit au développement direct

---

[1] Arrêté local du 23 novembre 1897, *Bull. Off.*, 1897, p. 137.
[2] Décr. 4 avril 1897.

de la ville de Conakry, soit aux finances de la colonie; on en a fait
abstraction et on a eu raison. Par ailleurs, il n'y a pas, en Guinée, de
taxes différentielles; les taxes de consommation frappent également
les marchandises françaises et étrangères. A la Côte d'Ivoire et au
Dahomey, il y avait, jusqu'en 1898, un régime douanier protecteur;
depuis la convention franco-anglaise du 14 juin 1898, réglant les
sphères d'influence respectives des deux pays, les taxes différentielles, pour ces deux dernières colonies, sont supprimées pendant
trente ans et il n'y a plus que des taxes de consommation uniforme
pour toutes les marchandises, quelle qu'en soit la provenance; l'Angleterre n'ignore pas qu'elle fabrique meilleur marché que nous et
l'égalité de traitement est, pour elle, le plus sûr moyen d'inonder
nos colonies de ses produits [1]. De grands esprits ne s'y sont pas
trompés et les faits leur ont donné raison; première venue à la vie
industrielle, au xix° siècle, bénéficiant d'avantages particuliers (le
charbon, etc.) et d'une avance considérable sur les autres nations,
l'Angleterre a fait du libre échange un dogme économique fonda-
mental; elle a eu l'habileté d'obtenir la diffusion de cette doctrine
par des économistes du continent et la chance de la voir appliquer
dans notre pays. Prête bien avant nous, elle nous a fourni à des prix
plus bas que les nôtres pour des milliards de marchandises et il a
fallu les longs cris de détresse de notre agriculture et de notre industrie pour que, après une expérience de trente années, nos pouvoirs
publics se soient résolus à prendre les mesures de protection effi-
caces inaugurées par le tarif douanier de 1892. Ce qu'il est curieux
d'observer, en ce moment, c'est l'évolution à laquelle, en Grande-
Bretagne, on est en train de préparer les esprits : le régime douanier
de la France gêne l'Angleterre, la concurrence allemande la terrifie
(le mot n'est pas exagéré), les menaces de l'industrie américaine
l'inquiètent; elle songe donc à se défendre, elle aussi, et comme elle
redoute, par-dessus tout, que les produits d'Allemagne et d'Amérique
se substituent aux siens dans ses propres colonies, qui jouissaient,
jusqu'ici, d'une grande indépendance, elle prépare une union directe
entre elle et ses possessions d'outre-mer. La morale de tout ceci est
que l'Angleterre a été libre-échangiste, quand, *honnête courtière* du
monde entier, elle y voyait son intérêt pour inonder les autres na-

---

[1] Au début des négociations, qui ont abouti au traité (14 juin 1898) délimitant
nos sphères d'influence respectives dans la Boucle du Niger et dans les régions
voisines, les plénipotentiaires français devaient ne pas laisser toucher au régime
douanier. Mais les réclamations des Chambres de commerce de Liverpool et de
Manchester furent si vives, que lord Salisbury, après leur avoir d'abord résisté,
finit par se les approprier et en fit l'une des conditions essentielles du traité. Nos
industriels ont vivement regretté qu'on ait laissé, en la circonstance, introduire des
stipulations d'ordre économique, à l'occasion de délimitations purement géogra-
phiques.

tions de ses produits, et qu'elle est à la veille de devenir protectionniste, parce qu'elle se rend compte que, en face de l'Allemagne et de l'Amérique, elle est exposée à être vaincue sur les marchés du monde.

Cette courte digression n'était peut-être pas inutile, puisque des diplomates étrangers ont pu dire que les Français avaient le tort de faire trop de politique de sentiment et pas assez de politique d'intérêt. Le reproche est malheureusement assez fondé et il s'étend à nos colonies. Il est incontestable, en effet, que vouloir appliquer aux régions sauvages de l'Afrique les principes de notre civilisation contemporaine et de notre économie politique, c'est faire fausse route et s'exposer aux plus graves mécomptes. La presque totalité de nos possessions ouest-africaines sont en retard de près de deux mille ans sur l'Europe occidentale; sans voies de communications, sans organisation politique dans le sens habituel du mot, dépourvues totalement d'institutions administratives, inorganisées malgré quelques rares chefs de tribus, ces immenses contrées sont encore, on peut le dire, par comparaison avec les peuples civilisés, dans un état chaotique matériel, intellectuel et moral presque absolu.

Les indigènes ne peuvent donc pas saisir nos idées, nos sentiments; les premières sont trop fortes pour leur faible intelligence; les seconds trop délicats pour leur nature forcément grossière qui ne comprend et ne respecte que la force, surtout lorsqu'elle s'exerce justement. De notre côté, afin de ne pas rebuter ces pauvres êtres inférieurs, afin d'obtenir leur confiance, nous devons nous mettre à leur portée; nous devons, par la pensée, constamment nous reporter à ce qu'étaient nos pères, il y a deux mille ans, et les traiter en conséquence, leur montrer des choses simples en matière de travail et de bon ordre; mais évitons, par-dessus tout, de les ahurir par les complications de notre civilisation; la charge étant trop lourde, leur nature succomberait : ça serait la dégénérescence physique et morale; ou bien, la fêlure de leur étroit cerveau en ferait des êtres dangereux, des forcenés contre lesquels nous ne pourrions plus rien; des progrès de notre civilisation, ils laisseraient le bon et ne prendraient que le mauvais. Les noirs seront, pendant fort longtemps encore, de grands enfants; avec eux, soyons paternels et doux, mais toujours fermes.

*
* *

Nous avons, tout à l'heure, rappelé d'un mot quel était le régime économique du Congo, du Dahomey, de la Côte d'Ivoire, de la Guinée, dans l'ordre de leurs relations extérieures. Le Sénégal, on le sait, vit sous le régime de la protection douanière; de plus, les Français peuvent, seuls, commercer dans le fleuve, l'Ordonnance

de 1843 n'ayant jamais été abolie, puisque c'est même à la sollicita-
tion des négociants bordelais établis au Sénégal qu'elle fut explici-
tement maintenue en 1864 [1] ; c'était là une protection déguisée, mais
dont, en tout cas, les effets ont été salutaires pour les maisons de
Bordeaux qui s'en sont enrichies. Par contre, à côté de cette double
réglementation, la propriété, jusqu'à ces derniers temps, n'avait pas
reçu d'organisation ; on vivait sous le régime de la liberté et des
usages ; depuis le 30 août 1900, il en est autrement : une série de
décrets ont établi, pour le Dahomey, la Côte d'Ivoire et le Sénégal
(la Guinée est restée en dehors), le régime foncier et le mode de
transmission des biens. C'est là un progrès considérable, il faut le
reconnaître, mais à la condition que ces textes ne restent pas lettre
morte et qu'on les utilise. Quant à la main-d'œuvre, le monde colonial attend toujours que l'on se décide à tenter quelque chose. L'état
d'esclavage faisant, dans toute l'Afrique, partie inhérente de la
société indigène, nous avons dû le respecter, tout en favorisant
l'accès des noirs à la liberté. « Mais ils y sont si peu préparés, maîtres et esclaves ! » a écrit M. Rambaud. A titre d'essai, le général de
Trentinian avait créé, au Soudan, des villages de liberté ; en fait, les
résultats ont été médiocres, dès que ces agglomérations d'anciens
esclaves ont cessé d'être dirigées par une main à la fois bienveillante, vigilante et ferme. La formation intellectuelle des indigènes,
nous l'avons rappelé plus haut, est trop peu avancée pour qu'ils
puissent comprendre les bienfaits de notre civilisation et en profiter ;
leur cerveau est trop différent du nôtre et il faudra de bien longues
années avant que sa conformation se modifie sensiblement. Ce n'est
pas à dire, pour cela, que nous devions renoncer à l'espoir d'une
amélioration tangible pour notre génération. Mais il est nécessaire
de procéder avec circonspection et de ne leur inculquer que peu à la
fois, mais à coup sûr. Nous devons à nos nouveaux sujets plus de
justice et d'humanité qu'ils n'en avaient avant notre arrivée dans
leur pays ; nous leur devons les bienfaits d'une pacification rationnelle, la sécurité du lendemain ; nous devons, enfin, avoir pour eux
la prévoyance qui leur manque et la volonté de les faire s'accoutumer
au travail ; ils verront, alors, ces vastes territoires, actuellement
incultes ou inutilisés, mis en valeur ; ils comprendront vraisemblablement l'immense intérêt qu'il y a, pour eux, à produire la richesse
par le travail et ils finiront par apprécier combien il leur sera facile,
moyennant quelques efforts, de passer de l'existence souvent pré-
caire, qu'ils mènent jusqu'ici, à une situation plus stable et moins
exempte d'aléas de toute nature ; leurs besoins se créeront ainsi d'eux-
mêmes et ils pourront les satisfaire, parce qu'on leur en aura fourni

---

[1] V. Décret 24 décembre 1864, art. 2.

les moyens par l'obligation du travail rémunéré. N'en est-il pas ainsi, d'ailleurs, chez les peuples civilisés? Le paresseux est vite vagabond; manquant de tout, il vole et il devient rapidement la proie du bagne; l'indigène africain a moins de besoins que l'Européens; mais, comme il lui faut vivre cependant, même de peu, ce que la nature ne lui offre pas bénévolement, malgré sa générosité, il essaie de le ravir à son voisin, qui s'empresse, au surplus, de lui rendre la pareille à première occasion; en Afrique, il n'y a ni gendarmes, ni tribunaux, ni prisons, mais il **y** a l'esclavage qui solutionne tout, — à la façon des noirs, bien entendu, — esclavage infiniment moins pénible qu'on se l'imagine communément, plus supportable pour les *esclaves de case*, nés dans la maison du maître, que l'état de domesticité, tel qu'il existe dans l'Europe civilisée. La condition des *captifs de traite* ou *de guerre* est plus dure assurément; ce sont eux qui supportent le fardeau des travaux les plus rudes; mais cette catégorie d'esclaves est appelée à diminuer graduellement avec la disparition des grands ravageurs, comme les Ahmadou, les Samory, les Rabah qui en étaient les pourvoyeurs attitrés. Dans quelques décades d'années, et si notre vigilance ne s'endort pas, si elle continue à gêner dans leur négoce les caravanes de marchands d'esclaves qui approvisionnent encore un peu les Maures du Maroc et de la Tripolitaine, l'on peut espérer que la *traite du bois d'ébène* ne sera plus qu'un souvenir.

L'organisation économique de nos colonies, dans la sphère de leurs relations extérieures, a passé du « pacte colonial » (jusqu'en 1861) au régime d'une indépendance presque absolue (1861-1892). A l'occasion de l'application du nouveau régime douanier métropolitain, des idées se font jour qui tendent, de plus en plus, à dominer; les préférences paraissent actuellement pour l'assimilation de la France et de ses colonies [1]; car, il faut bien le reconnaître, jusqu'ici « la France a cherché, en matière de commerce colonial, le système le meilleur sans réussir à le trouver ». Le régime de 1861 a jeté une perturbation profonde dans les relations de notre commerce métropolitain avec nos colonies; sauf en Sénégal, à cause de l'ordonnance précitée de 1843, la concurrence étrangère est venue diminuer partout les importations et exportations de la France avec ses colonies; le commerce général de celles-ci a pu augmenter, mais au profit des autres nations; il suffit, d'ailleurs, de consulter les statistiques, pour se convaincre que la progression de notre commerce colonial avec l'étranger est proportionnellement bien plus forte qu'avec notre pays. Si, encore, nos comptoirs français avaient su ou pu conserver partout leur situation, on aurait sans doute regretté

---

[1] Camille Guy, *La mise en valeur de notre domaine colonial*, p. 37. (A. Challemel, 1900.)

de les voir s'être transformés en commissionnaires africains, achetant aux étrangers et leur revendant, à l'exclusion presque totale de nos concitoyens ; mais, au moins, l'influence de la France en aurait tiré quelque profit ; or il est arrivé ceci, à la suite du régime de 1861, c'est que, partout, sauf dans le fleuve Sénégal, des maisons étrangères ont fini par prendre notre place, ce qui a permis de dire que la France avait bien des colonies, mais au profit des étrangers. A l'heure présente, la Guinée, la Côte d'Ivoire et le Dahomey possèdent un bien plus grand nombre de factoreries étrangères que de comptoirs français ; il en était de même au Congo, jusqu'à la fin de 1898 ; l'année 1899 a vu, pour cette colonie, la création de quarante-cinq sociétés concessionnaires qui nous rendent aujourd'hui bien maîtres du pays. M. C. Guy [1] a résumé, en quelques mots heureux, la situation fâcheuse que nous venons de rappeler : « La liberté douanière accordée aux colonies avait profité au commerce étranger plus qu'au commerce français, aux colonies plus qu'à la métropole. »

La réglementation partielle, inaugurée pour nos colonies par la loi de 1892, a été insuffisante ; les statistiques le prouvent. On vient donc d'essayer de faire un nouveau pas en avant qui sera, nous l'espérons, suivi de plusieurs autres. L'abolition projetée du demi-droit à l'importation, en France, d'un certain nombre de produits (café, cacao, vanilles, etc., etc.), provenant de nos colonies, sera, sans nul doute, nécessairement adoptée, conformément à la proposition de M. Le Myre de Vilers, rapporteur du budget des colonies pour 1901. Mais nous expliquerons pourquoi, suivant nous, il y a lieu d'aller plus loin, si l'on veut que la mesure soit réellement efficace pour nos colonies et profitable pour le budget de la métropole. S'il est vrai que notre politique coloniale a eu pour but principal d'assurer de nouveaux débouchés à nos manufactures, on a un peu trop oublié qu'il fallait mettre nos colonies à même de pouvoir leur acheter. Donc, tôt ou tard, on devra se résoudre à leur en fournir les moyens ; l'essai auquel nous venons de faire allusion est bien trop timide ;

---

[1] On a défini le PACTE COLONIAL ainsi : *tout de la métropole, tout à la métropole, tout par la marine métropolitaine.* C'était, là, l'étendue de l'ANCIEN pacte colonial ; le pacte colonial MODERNE, tel que le décrit M. Le Myre de Vilers, tel que nous le comprenons nous-mêmes, consiste non pas seulement à laisser entrer en libre franchise de tous droits chez nous les produits de nos colonies, mais encore à favoriser leur adduction sur nos marchés par l'adoption plus fréquente de mesures analogues à celle qui a eu un si heureux résultat pour nos riz de Cochinchine. Les étrangers fabriquent et transportent forcément meilleur marché que nous, qui sommes surchargés d'impôts ; ce qu'il faut trouver, c'est le moyen de rétablir, dans la limite du possible, directement ou indirectement, l'équilibre qui manque à nos industriels et qu'ils désirent ardemment retrouver. Ce souhait, de leur part, n'est pas si déraisonnable, quand ils voient l'honorable M. Charles-Roux, lui-même, demander que « nos armateurs soient mis sur un pied d'égalité avec les armateurs étrangers ». (LES COLONIES FRANÇAISES, *Introduction générale*, p. 170.)

il portera sur des chiffres insignifiants ; ce qu'il faut, c'est défendre nos arachides du Sénégal, c'est protéger nos caoutchoucs du golfe de Guinée, comme on a favorisé le riz de notre Indo-Chine[1].

*
* *

Avant de pousser plus loin notre examen des conditions économiques de nos colonies de l'Afrique occidentale, nous croyons utile, afin de n'avoir pas à y revenir, de dire quelques mots de la création d'un grand organe de crédit que certaines personnes considèrent comme indispensable au développement rapide de nos possessions africaines. Si l'on a pu dire avec justesse : « La mise en valeur d'une colonie est surtout une affaire d'argent », on n'en doit pas déduire que, dans l'Afrique occidentale, l'existence d'une banque coloniale soit présentement nécessaire au développement des affaires et à l'œuvre de la colonisation. La réussite de la Banque du Sénégal, fondée il y a près de cinquante ans déjà, a été trop modeste et les services qu'elle a rendus se sont trouvés trop restreints pour qu'on la puisse citer comme exemple. Etant donnée la nature des opérations commerciales de l'Ouest-Africain, il faudrait que la banque, pour être utile aux colons, prenne à forfait le papier créé sur eux par leurs fournisseurs d'Europe, leur consente des avances en espèces pour acheter des produits, ou bien encore leur négocie des traites documentaires tirées par eux sur leurs correspondants d'Europe en converture des envois de produits qu'ils leur font. D'ici longtemps, et en dehors de ce genre d'affaires, ce n'est pas l'escompte du papier local et l'émission de billets de banque, circulant seulement dans l'Afrique française, qui pourraient faire vivre la banque ; les Européens sont peu nombreux ; ils ne doivent, sans imprudence, faire le moindre crédit ferme et fixe aux indigènes ; quant à ceux-ci, ils reconnaissent et ne reçoivent que la monnaie métallique à laquelle ils sont habitués : ici la pièce de 5 francs en argent, là la poudre d'or. Dans les pays civilisés, la circulation incessante de la monnaie entretient, dans la caisse des banques, des quantités de numéraire sans cesse renouvelées ; par suite du va-et-vient, les uns prennent, les autres apportent, si bien que tous les mouvements finissent par se niveler ou à peu près ; et tout cela, parce que l'ensemble du pays est assez riche

---

[1] On propose d'interdire à nos colonies de se livrer aux industries qui pouraient concurrencer leurs similaires de la métropole ; l'Ouest-Africain n'en est pas encore là, tant s'en faut. Ce qui peut être bon pour quelques-unes de nos possessions asiatiques serait inutile ici. Nos produits tropicaux de l'Afrique n'ont pas de similaires en France et les quelques tentatives industrielles (huileries d'arachides) faites au Sénégal ont toujours échoué. Quant aux cotons du Soudan, qu'on nous permette de taire notre pensée ; dans tous les cas, ce ne sont pas nos cotonnades des Vosges qui auraient jamais à en souffrir, mais celles de Manchester... et encore !

d'espèces monnayées relativement à ses besoins, à l'emploi qu'il peut en faire. Dans l'Afrique occidentale, la situation est toute différente : l'expérience apprend que, depuis de longues années, il y entre par le Sénégal, la Guinée, la Côte d'Ivoire pour des sommes considérables de pièces de 5 francs — des *gourdes*, comme on dit à la côte — dont on ne revoit que fort peu ; cet argent s'en va dans l'intérieur ; à travers ses nombreuses migrations, il s'en perd une partie ; le reste est fondu et converti, par les indigènes, en bijoux divers ; c'est la plus infime portion qui sert pour le paiement de l'impôt de capitation. Le phénomène que nous signalons, l'exode intérieur continuel des espèces métalliques, sans retours à peu près compensateurs de numéraire, exposerait la banque, désireuse de répondre aux besoins du commerce local, à voir ses caisses assez fréquemment dépourvues, en attendant l'arrivée des envois d'argent monnayé qu'elle serait sans cesse obligée de faire venir d'Europe. Actuellement les comptoirs de Conakry et d'ailleurs sont bien obligés de procéder ainsi ; mais ils n'ont qu'à supporter les frais d'envoi et d'assurance qui incomberaient également à la banque ; la légère commission qu'elle serait obligée de prendre en sus, pour le service rendu, serait-elle suffisante pour compenser ses frais généraux divers et ses risques ? Ce n'est pas certain. Ces indications suffisent pour montrer quelles appréhensions on peut avoir au sujet des services que serait appelée à rendre une banque coloniale dans l'Afrique occidentale, tant que son état économique n'aura pas fait de très grands progrès au profit de la civilisation des idées et des mœurs des indigènes.

*
* *

M. Le Myre de Vilers, au début de son examen sur la situation économique de nos colonies [1], déclare catégoriquement qu'il résulte de l'étude à laquelle il s'est livré à cet égard « que la situation économique actuelle et l'avenir de notre vaste empire d'outre-mer ne laissent pas que de justifier certaines préoccupations [2] ». M. Pauliat,

---

[1] V. Rapport sur le budget des colonies, exercice 1901.

[2] « En examinant les statistiques coloniales, on est amené à diverses constatations faites pour nous inquiéter. On remarque que la France ne trouve dans ses colonies qu'un débouché très médiocre ; que nos colonies ne fournissent à la métropole qu'une faible part de son approvisionnement en produits exotiques, tandis qu'elles en exportent une grande quantité sur les marchés étrangers ; enfin, que le peu qui nous est destiné parvient dans nos ports sous pavillon étranger. » (Charles-Roux, p. 157 de l'*Introduction générale* aux COLONIES FRANCAISES A L'EXPOSITION DE 1900. A. Challamel, 1901.)

dans son remarquable rapport à la Commission sénatoriale des finances sur le budget des colonies pour 1901, a fait les mêmes constatations affligeantes. En ce qui concerne particulièrement nos diverses possessions de l'Afrique occidentale, nous espérons démontrer, à l'aide du groupement de quelques chiffres, que le système appliqué jusqu'ici, pour la mise en valeur de ces vastes contrées, n'a pas donné de brillants résultats pour la métropole : d'une part, ce groupe de colonies ne demande presque rien à la mère patrie en fait de marchandises ; d'autre part, elles lui envoient fort peu de leurs produits d'exportation, tels que le caoutchouc, l'ivoire, etc., etc. ; enfin on constatera avec tristesse que, tandis que la France achète à l'Allemagne et à l'Angleterre la presque totalité des produits tropicaux que ses propres colonies pourraient lui fournir directement, ces dernières laissent vivre chez elles, avec un libéralisme vraiment excessif, de très, de trop nombreuses maisons étrangères qui s'enrichissent à notre détriment et qui, n'ayant aucune attache avec le pays qu'elles exploitent, en tirent le plus possible, se souciant fort peu de son avenir. N'est-ce pas le cas de se demander si nous n'avons pas fait fausse route et s'il n'est pas urgent de changer de système ?

Comme c'est par la comparaison des importations et des exportations d'un pays combinée avec son état général qu'on peut juger de sa prospérité, il n'est pas sans intérêt, après quelques indications générales, d'analyser la situation commerciale de nos colonies ouest-africaines, en prenant comme points de comparaison deux dates assez éloignées l'une de l'autre pour que les différences soient plus accusées. Nous avons choisi l'année 1892, qui coïncide avec l'adoption de notre nouveau régime douanier métropolitain, et la dernière année dont les statistiques nous fassent connaître les résultats, c'est-à-dire, suivant les cas, 1898 ou 1899. On sait que, *dans l'ensemble de notre commerce extérieur*, la part proportionnelle de nos colonies n'est que de 10 % environ, ce qui est tout à fait insuffisant ; il importe de remarquer que ce chiffre moyen n'est atteint que grâce à Madagascar et à l'Indo-Chine, avec lesquelles, à la faveur du régime douanier protecteur, la métropole entretient un assez grand courant d'affaires ; pour nos colonies de l'Afrique occidentale, la proportion n'atteint pas 4 % ! C'est vraiment trop peu. Quant *au commerce général* de nos colonies, on a établi que de 1892 à 1899 l'avance n'était que de 20 %, pertes et gains compensés ; ce sont nos vieilles colonies qui se trouvent le plus atteintes ; est-ce d'épuisement, malgré la grande liberté dont elles jouissent depuis de longues années ?

Voici, d'une manière plus spéciale, les chiffres concernant l'Afrique occidentale :

Importations et exportations réunies

	1892	1898	AVANCE DE 1898 SUR 1892	GAIN % TOTAL	GAIN MOY. ANNUEL
Sénégal............	41.594.220	62.301.755	20.707.535	33.25 %	4.75 %
Guinée............	7.621.953	16.819.839	9.157.886	54.65	7.66
Côte d'Ivoire........	5.718.312	10.553.993	4.834.681	45.82	6.55
Dahomey	13.692.610	17.524.237	3.831.627	21.80	3.
Congo............	5.659.582	10.539.538	4.879.956	46.30	6.62 [1]

Il y aurait des remarques intéressantes à faire sur chacune de ces colonies; bornons-nous ici à signaler que ce sont celles où l'on fait le plus de caoutchouc et le moins de cultures terriennes ou arborescentes dont l'accroissement commercial est le plus sensible. N'y a-t-il pas là un symptôme quelque peu inquiétant au sujet de l'influence insuffisante du seul négoce côtier agissant en toute liberté, surtout si l'on songe que l'augmentation des exportations caoutchoutières ne se fait qu'au prix de la destruction rapide des lianes et au détriment de la richesse agricole du pays, les noirs délaissant volontiers leurs rares cultures pour se livrer à la récolte, moins pénible et plus fructueuse, du caoutchouc? A côté de l'état du commerce général colonial ouest-africain, il ne sera peut-être pas sans intérêt de présenter, en deux tableaux, la décomposition des chiffres des importations et des exportations de la France ou vers la France par rapport aux pays étrangers.

---

[1] **Importations et exportations réunies**

	1899	AUGMENTATION PAR RAPPORT A 1892	GAIN % TOTAL	GAIN MOYEN ANNUEL
Sénégal............	73.606.256	32.012.039	41.45 %	5.92 %
Guinée	24.973.181	17.351.228	69.51	9.93
Côte d'Ivoire.......	12.243.141	6.524.829	53.28	1.59
Dahomey	25.668.160	11.375.050	45.37	6.48
Congo............	13.315.304	7.655.722	54.49	8.21

	IMPORTATIONS DE 1892		TOTAL	IMPORTATIONS DE 1898		TOTAL
	France	Etranger		France	Etranger	
Sénégal	12.287.612	11.972.516	24.260.128	18.661.000	14.494.000	33.155.000
Guinée.....	609.396	3.000.000	3.609.396	1.453.392	7.566.479	9.019.871
Côte d'Ivoire	181.901	1.797.677	1.979.578	1.052.194	4.475.158	5.527.352
Dahomey...	1.819.401	4.613.299	6.432.700	1.953.514	8.041.053	9.994.567
Congo......	1.107.016	2.063.929	3.160.945	1.274.366	3.569.868	4.844.234
	16.005.326	23.447.442	39.442.947	24.494.466	38.146.558	62.611.024

Si l'on déduit les chiffres du Sénégal, qui a une réglementation douanière, on trouve les résultats suivants :

Colonies de l'Afrique occidentale, le Sénégal excepté.

	1892	1898
Importations de France....................	3.717.714	5.833.466
Importations de l'étranger.................	11.474.906	23.652.558
	15.192.620	29.486.024 [1]

---

[1] L'*Office colonial* vient de publier le Tableau général du commerce des colonies françaises en l'année 1899. Voici les chiffres s'appliquant à notre étude :

	IMPORTATIONS DE FRANCE	IMPORTATIONS DE L'ÉTRANGER	TOTAL
Sénégal	30.702.516	15.629.917	46.332.433
Guinée....................	3.980.004	11.315.812	15.295.817
Côte d'Ivoire..............	1.453.575	4.757.860	6.211.435
Dahomey..................	1.804.462	10.514.187	12.348.949
Congo....................	2.436.855	4.254.317	6.691.172
	40.377.412	36.502.394	76.879.806

Abstraction faite des chiffres se référant au Sénégal les quatre autres colonies ont importé, en 1899 :

Par contre, on constate que si, pour les tissus, la part de la France est passée de 73.622 francs, en 1898, à 246.769, en 1899, celle de l'Angleterre est de 3.485.000 francs, en 1898, et de 5.450.000 en 1899.

D'autre part, si les importations au Sénégal (pays de protection douanière) ont passé, pour les provenances françaises, de 18 millions (1898) à 30 millions (1899), cela tient aux ouvrages en métaux (14.388.000 francs en 1899 contre 3.815.000 en 1898), destinés au chemin de fer du Soudan, aux tissus (15.310.000 fr. contre 10.600.000 fr.), comme principaux articles. La protection a donc du bon parfois.

Il résulte de ces divers chiffres que la part de la France, dans les marchandises importées au Sénégal, y est de plus en plus prépondérante, bien que nous devions signaler que, sur les tissus de coton, la France a perdu du terrain en 1898, par rapport à 1897; d'une année à l'autre, les importations de tissus français ont fléchi de plus de 800.000, alors que celles provenant de l'étranger ont augmenté d'environ 400.000 francs [1].

De France	9.674.896
De l'étranger	20.872.477
Total	30.547.372 fr.

Par rapport à 1898, la part de la France a subi les modifications suivantes :

	1898	1899	DIFFÉRENCE
Guinée	1.453.392	3.980.004	+ 2.526.612
Côte d'Ivoire	1.052.194	1.453.575	+ 401.381
Dahomey	1.953.514	1.804.462	— 149.052
Congo	1.274.366	2.436.855	+ 1.162.489

L'augmentation de plus de 1.100.000 francs, pour le Congo, s'explique naturellement par suite de la création des 45 sociétés concessionnaires; quant à celle de 2.526.612 francs, relevée pour la Guinée, elle se décompose, comme suit, pour les principaux articles :

	1898	1899	
Bois	25.894	135.804	Ces chiffres se justifient par les constructions nombreuses qu'on a faites à Conakry et par les exigences légitimes du service des Travaux publics qui ne veut que des chaux et ciments français, etc.
Chaux, ciment, briques et tuiles	117.680	231.000	
Ouvrages en métaux	132.431	267.930	
Monnaie d'or et d'argent	131.000	1.325.750	Ce chiffre provient de la coutume grandissante de ne plus acheter le caoutchouc que contre espèces.
Riz	132.814	391.349	

[1] V. Guy, p. 387.

Quoi qu'il en soit, si, au Sénégal, il y a progrès, c'est malheureusement le contraire qui se manifeste pour nos quatre autres colonies de l'Afrique occidentale où les provenances étrangères nous distancent dans des proportions variant des 3/4 aux 9/10. En effet, pour l'année 1898, les importations de l'Angleterre en Guinée s'élèvent à plus de 5 millions, alors que celles de la France n'atteignent pas 1.500.000 francs, ce qui représente moins du 1/6 de l'ensemble ; c'est bien médiocre [1]! La Côte d'Ivoire, elle, n'importe que 1/5 de marchandises françaises contre 4/5 de marchandises étrangères sur lesquelles l'Angleterre entre, à elle seule, pour les 3/4 [2]. Quant au Dahomey, il a reçu en totalité 10 millions de francs de marchandises diverses, dont 2 millions de la France et 8 millions des pays étrangers [3] ; la part proportionnelle de ceux-ci est la suivante : Allemagne, un peu plus de 4 millions ; Angleterre, près de 1.400.000 francs ; le Lagos (Angl.), environ 3 millions ; on remarquera la prédominance de la part de l'Allemagne ; cela tient à ce qu'il y a, au Dahomey, de nombreuses maisons allemandes, de même qu'il y a beaucoup de comptoirs anglais à la Côte d'Ivoire et en Guinée. Le Congo français, dont le mouvement commercial, ainsi que celui du Dahomey, est très irrégulier, présente les chiffres suivants : importations, près de 5 millions sur lesquels la part de la France atteint à peine le 1/4. S'il est vrai de constater, comme le fait M. Le Myre de Vilers, que l'ensemble de notre clientèle indigène n'achète nos produits métropolitains qu'à raison de 3 fr. 54 par tête d'habitant, on peut, sans crainte de se tromper, affirmer que, en ce qui concerne spécialement nos sujets de l'Ouest-Africain, ce chiffre est très supérieur à la réalité : Madagascar et l'Indo-Chine sont devenus les clientes de leur métropole ; l'Afrique occidentale est restée celle de l'Angleterre et celle de l'Allemagne. Cependant on a voulu rechercher, puisqu'il éclate aux yeux de tous que la France vend trop peu à ses colonies africaines, ce qu'elle pouvait et ce qu'elle ne pouvait pas leur fournir ; le travail est intéressant, mais nous croyons qu'il s'est glissé certaines erreurs dans *le tableau des objets d'importation que la France ne saurait fournir à ses colonies* et pour lesquelles force leur serait donc, en tout état de cause, de s'adresser aux pays étrangers.

Pour le Sénégal, en effet, sur une importation totale (1898) de

---

[1] Voici quelques chiffres pour 1899, publiés par l'*Office Colonial* pendant que ces lignes étaient sous presse : sur 15.441.710 francs d'importations totales, la Guinée en a reçu de France pour 3.980.000 francs, dont la majeure partie représente des espèces métalliques, et des matériaux de construction pour le chemin de fer, ainsi qu'on l'a vu plus haut.

[2] Pendant la même période (1899), la Côte d'Ivoire a reçu pour 6.379.886 francs de marchandises dont 1.453.573 francs provenant de France.

[3] Sur 12.348.970 francs d'objets divers importés au Dahomey, en 1899, il n'en est venu de France que pour 1.804.462 francs.

33 millions, dont 15 millions provenant de l'étranger et 18 millions de France, on évalue à plus de 5 millions et demi la quantité de marchandises que cette colonie ne saurait tirer de la métropole, quoi qu'il advienne.

Il y a là une erreur évidente, puisque ce chiffre comprend :

Riz en grains, 3.463.212 francs, que le commerce peut acheter en Indo-Chine ;

Kolas, 1.163.000 francs, qu'on peut demander à la Guinée;

Huile de palme, 133.577 francs, dont la Guinée et la Côte d'Ivoire abondent;

Huile de coton américaine, 682.577 francs, qui fait une concurrence fâcheuse à nos huiles d'arachide qu'elle a détrônées par son bas prix et dont le sort doit attirer la bienveillante sollicitude de notre commission des douanes.

Le chiffre, donné pour la Guinée, serait de 1.100.000 francs sur lesquels le riz entre pour 783.850 francs et l'huile de palme pour 10.633 fr. Ces deux articles appellent la même remarque que ci-dessus. Le cas est identique pour la Côte d'Ivoire où, sur le chiffre donné de 128.483 francs, le riz entre, à lui seul, pour 111.299 francs. Le même raisonnement s'applique pour le Dahomey et le Congo, toutes proportions gardées. Quoi qu'il en soit, on a pu écrire avec justesse: « Ce que nos colonies achètent en totalité, soit à nous, soit aux autres nations, est très peu de chose proportionnellement à leur étendue, à leur population, aux sacrifices consentis et aux espérances qu'on avait cru pouvoir fonder sur elles [1]. »

Le mal n'est pas irrémédiable; mais il faut chercher sa guérison *autrement et ailleurs* qu'on l'a fait jusqu'ici; la liberté, au sens européen du mot, n'est faite que pour les races humaines supérieures et très civilisées et ne peut leur être accordée, sans danger, qu'au fur et à mesure des progrès qu'elles font; aux autres, aux races encore inférieures, inorganisées socialement, économiquement et politiquement, c'est la réglementation seule qui convient et qui est capable de les initier aux bienfaits du progrès.

*
* *

Nous avons vu les conclusions qui ressortaient de l'examen du commerce de nos colonies africaines à l'importation, disons maintenant quelques mots de leurs exportations, en suivant la même méthode :

---

[1] Rapport Le Myre de Vilers.

	EXPORTATIONS DE 1892		TOTAL	EXPORTATIONS DE 1898		TOTAL
	France	Etranger		France	Etranger	
Sénégal.....	12 450.606	4.923.405	17.334.092	19.750.933	9.395.822	20.146.755
Guinée.....	612.000	3.400.557	4.012.557	420.690	7.379.268	7.799.968
Côte d'Ivoire	1.412.942	2.325.792	3.738 734	1.935.275	3.091.366	5.026.641
Dahomey...	1.583.173	5.676.735	7.259.910	2.177.946	5.351.724	7.529.676
Congo......	350.743	2.147.894	2.498.637	1.487.887	4.205.417	5.693.304
	16.369.544	18.474.383	34.843.727	25.772.731	29.423.597	55.196.204

Bien que les arachides soient insuffisamment protégées, elles jouissent néanmoins de certains avantages sur les graines étrangères : c'est ce qui explique pourquoi les exportations du Sénégal, en France, sont plus considérables que vers les pays étrangers. Les principaux produits des quatre autres colonies entrant chez nous en

	EXPORTATIONS EN 1899		TOTAL
	En France	A l'étranger	
Sénégal......................	17.927.210	5.298.107	23 225.317
Guinées	747.373	8.499.648	9.247.021
Côte d'Ivoire................	2.605.640	3.235.300	5.840.940
Dahomey....................	3.433.704	9.278.394	12.712.098
Congo......................	1.608.173	5.016.353	6.624.526
	26.322.100	31.327.802	57.649.902

Plus spécialement, pour la Côte d'Ivoire, voici, en attendant les statistiques plus détaillées de 1900, les principales exportations de produits :

	Exportations totales	Exportations pour la France (comprises dans la colonne précédente)
Amandes de palme................	3.107.857 kg	1.221.386 kg
Café............................	24.722	22.726
Huile de palme..................	4.400.000	3.586.725
Caoutchouc brut.................	13.420.312	17.844
Acajou	13.420.312	1.682.321

franchise comme leurs similaires de l'étranger, procédons ainsi que nous l'avons fait pour les importations, en déduisant les chiffres qui concernent le Sénégal :

Colonies de l'Afrique occidentale, le Sénégal excepté.

	1892	1898
Exportations en France	3.918.858	6.021.798
Exportations à l'étranger....................	13.550.978	20.027.107
	17.469.836	26.049.573 [1]

On le voit, la proportion des exportations à l'étranger tend à s'accroître et cela s'explique par ce fait que si le caoutchouc est devenu le principal produit d'exportation de nos colonies africaines, c'est presque exclusivement à l'étranger (Liverpool, Anvers, et Hambourg) qu'elles l'expédient.

L'étude du *Tableau général du Commerce et de la navigation pour* 1898 prouve que, tandis que notre pays a dû importer pour sa consommation 1.251 millions de francs de produits exotiques, en général, ses colonies ne lui en ont fourni, sur cette somme totale, que pour environ 75 millions. Mais, si l'on descend à l'examen des principaux produits *tropicaux*, pour lesquels nos producteurs coloniaux pourraient entrer en concurrence avec leurs rivaux étrangers, on trouve les chiffres suivants pour l'année 1898 :

Importations françaises................	67.943.003 fr.
— étrangères...............	638.075.037 fr.

soit un peu plus de 10 %. Toutefois la proportion n'est, en réalité, que de 4 % à peine « pour l'importation des matières premières et des produits naturels qui, s'ils atteignaient le développement qu'ils devraient avoir, feraient sûrement la richesse de l'Indo-Chine, de Madagascar et de nos établissements de la Côte occidentale d'Afrique ».

Si, passant de chiffres nécessairement arides, à l'examen des principaux produits tropicaux que la France achète pour ses besoins industriels dans le monde entier, nous comparons, entre elles, les

---

[1] Voici les chiffres des exportations en 1899, abstraction faite du Sénégal :

Exportations en France...........................	8.394.890
Exportations à l'étranger.........................	26.029.695
Total...................	34.424.585

quantités importées chez nous avec ce que nos colonies ont exporté, d'une part, en totalité, sans distinction de destination, et d'autre part, en partie seulement, à la métropole, l'on se rendra un compte plus exact de la proportion, malheureusement trop infime, de celle-ci dans les exportations de produits de ses colonies africaines :

BOIS D'ÉBÉNISTERIE

Importation totale en France		Proportion fournie par les colonies françaises par rapport aux provenances étrangères
Acajou	10.000 tonnes	20 %
Autres essences..	17.000 —	5 % (au maximum)

En 1899, la France a importé pour 11 millions et demi de francs d'acajou et autres bois d'ébénisterie ; sur ce chiffre, elle n'en a demandé à ses colonies que pour 900,000 francs à peine ! Ces valeurs, transformées en quantités, donnent les chiffres suivants :

Acajou	10.000 tonnes environ
Autres essences	24.000 —

C'est donc, avec raison, qu'on a pu dire que, « malgré l'énorme extension des forêts à la Guyane, à la Côte occidentale d'Afrique, à Madagascar et en Indo-Chine, la métropole ne reçoit de ses colonies qu'une très faible proportion des bois qu'elle importe... Dans ces dix dernières années, la situation est restée dans son ensemble à peu près stationnaire [1] ».

De bons esprits estiment qu'il ne faut pas espérer voir cette situation fâcheuse se modifier, en dehors de l'action directe de la métropole ; ils préconisent, en outre, la création d'un marché des bois qui fera connaître nos richesses forestières d'outre-mer, infiniment mieux que l'exhibition accidentelle de quelques billes ; ils voudraient que la Ville de Paris, « qui possède une École spéciale du Meuble (Ecole Boulle) », prête son concours à l'œuvre de leur vulgarisation, afin que l'on puisse bientôt « admirer des meubles, des boiseries, des objets d'art dont les bois coloniaux constitueraient la matière première ».

CAOUTCHOUCS

La production totale du monde entier, en 1898, a été de 42.000 tonnes, dont 23.000 pour le Brésil seul [2]. Pendant cette même année, la France a importé pour 32.700.000 francs de caoutchouc ; sur cet énorme chiffre, ses colonies ne lui ont fourni *directement* que pour 1.741.000 fr. C'est une proportion dérisoire !

---

[1] V. LECOMTE, *l'Agriculture aux Colonies*, p. 332.

[2] En 1899, la production mondiale a été d'environ 50.000 tonnes, dont 26.000 tonnes fournies par la seule Amérique du Sud.

Sénégal.	Casamance..	297 tonnes	} 356 tonnes dont seulement 150 ont été				
	Soudan......	59 —	} expédiées en France.				
Guinée française........		1.335 —	dont	32 tonnes expédiées en France.			
Côte d'Ivoire............		289 —	—	27	—	—	—
Dahomey..............		13 —	—	1 ½	—	—	—
Congo.................		578 —	—	155	—	—	—
Total		2.571 tonnes	—	365 tonnes	—	—	[1]

Il importe de ne pas oublier que, dans l'Afrique occidentale, le caoutchouc est exploité uniquement par les indigènes sans aucune méthode et sans le moindre souci de l'avenir, qu'ils détruisent les lianes, soit directement pour en obtenir plus de latex, soit indirectement en les incisant si mal et si souvent que la plante épuisée meurt rapidement, soit enfin par les immenses feux de brousse qu'ils allument, pendant la saison sèche, et qui détruisent tous les arbres et arbustes se trouvant sur la route de l'incendie. Par suite de ces diverses causes de destruction, il y a peu d'années, il fallait faire, de Conakry, treize jours de marche pour trouver des groupes de lianes; plus récemment encore, la distance était de vingt et un jours. Où s'arrêtera le fléau dévastateur? L'administration a bien invité les chefs à replanter des lianes : vains efforts! Le noir, laissé à lui-même, ne prévoit rien, travaille le moins possible, se disant, dans son insouciance puérile, que la nature lui fournira toujours de quoi se nourrir.

La disparition des plantes à caoutchouc est un mal qui sévit également avec une intensité telle dans les colonies anglaises de la Côte d'Or et du Lagos que les autorités ont dû prendre des mesures restrictives à l'extraction du caoutchouc totalement disparu dans les réserves indigènes. Le commerce côtier s'est plaint de cet acte de prudence, élémentaire cependant, mais qui diminuait le courant de ses affaires. Il y a donc lieu de penser que les gouverneurs de ces colonies ont repoussé les doléances, par trop intéressées sur ce point, des chambres de commerce de Lagos et de Liverpool [2].

ARACHIDES

L'importation totale de la France, en 1898, a été de 93.000 tonnes. Sur cette quantité, elle en a importé du Sénégal 57.000 tonnes et,

---

[1] Chiffres de 1899 :

Sénégal.............	477 tonnes	dont	262 tonnes ont été dirigées en France			
Guinée française....	1.400 —	—	79 ½	—	—	—
Côte d'Ivoire........	634 —	—	157 ½	—	—	—
Dahomey	147 ¼ —	—	2	—	—	—
Congo	670 —	—	173	—	—	—
Total....	3.195 tonnes ½	—	674 tonnes		—	—

[2] V. *Gazette coloniale de Belgique*, n° du 10 février 1901, p. 89.

des autres colonies françaises de l'Afrique occidentale, 650 tonnes [1].

Pendant la même année, l'exportation totale du Sénégal en arachides ayant été de 105.000 tonnes, on voit que la France ne lui a acheté que la moitié de ce que sa colonie africaine pouvait lui vendre, et elle s'est pourvue, ailleurs, des 35.000 tonnes qui lui ont été nécessaires. On conviendra facilement que si des droits de douane, à l'entrée en France, frappaient suffisamment les arachides étrangères, c'est à notre propre colonie que nos industriels de Bordeaux et de Marseille se seraient adressés et non pas ailleurs.

PALMISTES

L'importation totale de la France a été de 13.000 tonnes, dont 585 tonnes nous sont venues du Sénégal et 6.500 tonnes de nos autres colonies de l'Afrique occidentale. Notre pays a donc demandé à l'étranger 6.000 tonnes, alors que ses colonies africaines pouvaient, et au delà, suffire à ses besoins. En effet, au cours de 1898, en palmistes :

La Guinée a exporté, en totalité.............	2.650	tonnes
La Côte d'Ivoire............................	2.350	—
Le Dahomey................................	18.000	—
Le Congo..................................	915	—
Total.........	23.915	tonnes

Ces chiffres ont une éloquence indiscutable et répondent à l'objection de ceux de nos industriels qui prétendent que nos colonies ne peuvent pas suffire à leurs besoins à eux [2].

HUILE DE PALME

Importation totale de la France 15.000 tonnes, dont 5.500 tonnes seulement de nos colonies ouest-africaines. Pendant le même exercice (1898) :

La Guinée française a exporté, en totalité.....	184	tonnes
La Côte d'Ivoire............................	4.300	—
Le Dahomey................................	6.000	—
Le Congo..................................	145	—
Total........	16.629	tonnes

[1] En 1899, arachides importées par la France du monde entier 98.000 tonnes; sur cette quantité, il en est venu 66.000 tonnes du Sénégal et 1.330 tonnes des autres colonies ouest-africaines. Au cours de la même année, les arachides expédiées par le Sénégal ont été, en totalité, de 85.000 tonnes.

[2] Les palmistes, importées par la France, en totalité, au cours de l'année 1899, montent à 10.000 tonnes sur lesquelles ses colonies de l'Ouest-Africain lui en ont fourni seulement 1.850 tonnes, alors que les importations totales de ce produit atteignaient, durant le même exercice, 28.000 tonnes.

Contrairement à ce qui a été constaté pour les palmistes, nos colonies africaines ont produit un tiers de moins que ce dont la métropole avait besoin[1]; on est donc fondé à se demander pour quel motif, loin d'absorber leur production totale, comme elle le pouvait aisément, elle ne leur a acheté que la moitié de celle-ci qui correspond au tiers environ de sa propre consommation. Est-ce la matière première qui manque? Nullement; l'Afrique renferme des millions et des millions de palmiers à huile; il suffirait aux noirs de quelques efforts, bien légers en vérité, pour qu'ils en recueillent le décuple et même davantage.

Nous croyons, à titre de résumé des renseignements qui précèdent, devoir donner en un tableau synoptique l'état de ce que la France tire de l'étranger en produits tropicaux que ses colonies pourraient et devraient lui fournir.

Principaux produits exotiques achetés aux pays étrangers par la métropole et part des colonies françaises dans cette masse.

Année 1898.

PRODUITS IMPORTÉS	IMPORTATIONS DES		PART PROPORTIONNELLE DES COLONIES FRANÇAISES
	Colonies françaises	Pays étrangers	
Caoutchouc { bruts	1.741.159	30.280.572	5.62 %
et gutta-percha { ouvrés	587.168	9.708.868	6.04
Café	1.274.243	105.943.024	1.20
Grains et fruits oléagineux	17.042.137	120.802.113	14.11
Huiles et sucs végétaux	4.778.013	38.469.863	12.42
Cacao	1.832.266	32.084.429	5.71
Jute brut		32.822.568	
Indigo	33.170	8.043.150	
Riz	29.167.158	6.961.150	419.01

Ce dernier article parle assez de lui-même pour qu'on ait la certitude d'obtenir d'aussi heureux effets pour nos colonies africaines si l'on se décidait à adopter un ensemble de mesures propres à favoriser l'écoulement, à peu près total chez nous, de leurs produits d'exportation. Le régime de la réciprocité douanière entre la France et ses colonies n'est pas un mythe; on le voit par ce qui se passe

---

[1] Huile de palme importée en France en 1899, 13.000 tonnes, sur lesquelles elle n'en a acheté que 8.500 tonnes à ses colonies ouest-africaines, lesquelles, au cours de la même année, en ont expédié en totalité comme suit :

Guinée française	700	tonnes
Côte d'Ivoire	4.560	—
Dahomey	9.650	—
Congo	»	—
Total	14.910	tonnes

pour les riz de notre Indo-Chine; cet exemple devrait servir d'encouragement pour qu'on essaie de l'étendre à nos colonies africaines, en lui faisant subir les modifications que leur situation respective peut commander dans leur intérêt et dans celui de la métropole.

**

S'il est établi que nos possessions coloniales sont très loin de produire ce qu'elles doivent nous donner abondamment, s'il est avéré que la France vend et achète trop peu à ses colonies, en général, et plus spécialement à celles de l'Afrique occidentale, où le mal est plus grand qu'ailleurs, il y a lieu de rechercher si, tout au moins, les maisons françaises qui y sont établies gagnent, à l'heure actuelle, réellement de l'argent. Nous serions bien tenté de répondre d'un mot ; mais nous préférons procéder par démonstration. Nous avons dit que c'était par la comparaison des importations et des exportations d'une colonie que l'on pouvait juger de son degré de prospérité; celles-ci devraient toujours dépasser celles-là, par la raison que les commerçants vendant — nécessairement avec un large bénéfice — les produits locaux, qu'ils reçoivent en échange de leurs marchandises, devraient, à la sortie, représenter une contre-valeur plus élevée qui constituerait le gain réel et bien net. Nous n'ignorons pas que, souvent, les mercuriales des colonies sont proportionnellement plus faibles que les prix d'Europe, même en déduisant de ceux-ci les droits et frais divers qui grèvent les produits depuis leur départ d'Afrique jusqu'à leur finale réalisation en Europe. Mais, comme il y a lieu de tenir compte des frais généraux, fort élevés, d'agents, employés, flottille, etc., etc., qui chargent si lourdement toutes les opérations de négoce à la côte, et comme, par conséquent, la maison qui expédie de la marchandise doit, logiquement, les ajouter, sur ses livres, au montant de celles-ci pour une valeur déterminée, mais qui, elle, échappe forcément aux calculs de la douane qui les ignore, nous estimons être dans la vérité en énonçant que, en principe, gagnent seules de l'argent les maisons dont les exportations de produits excèdent les importations de marchandises; et, si cela est vrai pour les comptoirs dans leur ensemble, il faut conclure qu'il en est de même pour la colonie dans laquelle elles opèrent; disons donc de celle-ci que, quand elle expédie plus qu'elle reçoit, son commerce est prospère. Nous ne méconnaissons pas cependant que, quand une nouvelle colonie s'organise, il est naturel que, temporairement, la balance soit contre elle; en effet, les constructions, etc., absorbent un capital qui n'agit pas et dont l'amortissement ne se fait qu'en plusieurs années. Eh bien! ce phénomène, pourtant si logique, n'est pas fréquent pour les colonies qui sont à leur début; la rareté de la concurrence per-

met de réaliser des bénéfices si considérables que, malgré les capitaux morts de premier établissement, les exportations dépassent les
importations. Dans cet ordre d'idées, nous citerons ce qui s'est produit en Guinée française : de 1892 à 1896 (cinq années) les exportations ont excédé les importations de plus de 2.700.000 fr., ce qui
donne une proportion supérieure à 10 % ; au contraire, les années 1897
et 1898 sont en faveur des importations à concurrence de 2.132.000 fr.
A cette époque, cependant, la colonie était organisée ; son commerce
annuel flottait entre 11 et 13 millions ; ses plus importants comptoirs existaient depuis plusieurs années ; soulignons cette coïnci-
dence, c'est que c'est précisément à partir de 1897 que les bénéfices
ont fléchi, malgré l'augmentation notable des chiffres d'affaires. En
effet, *vendre beaucoup ne signifie pas toujours vendre bien ni gagner
gros*. Que se passe-t-il en Afrique? Entrons dans le vif du sujet.

Comme, dans toute jeune colonie, la concurrence est rare, les
négociants les premiers arrivés peuvent vendre très cher et ils
réalisent habituellement de très gros bénéfices ; c'est ainsi que les
maisons de Bordeaux anciennement établies au Sénégal ont fait
d'immenses fortunes, de 1850 à 1880 ; c'est ainsi, encore, qu'une grande
maison de Marseille, dont les établissements ont été les premiers
dans l'ancienne dépendance qui avait nom « Rivières du Sud », a
gagné jadis énormément d'argent, proportionnellement à son chiffre
d'affaires annuel. Mais le succès ne reste pas longtemps ignoré et il
appelle la concurrence : celle-ci était, autrefois, assez lente à se produire, du temps de la navigation à voile ; aujourd'hui la vapeur, le
télégraphe ont rapproché les distances, à tel point qu'un négociant
qui vient de faire de gros sacrifices pour s'établir dans une contrée
neuve encore, espérant profiter de sa courageuse initiative, est exposé
à voir, dès le lendemain, un concurrent venir s'installer auprès de
lui et enlever à son comptoir des bénéfices qu'il considérait comme
assurés ; afin d'attirer les affaires, le nouveau venu vend méilleur
marché ; pour que sa factorerie ne devienne pas déserte, l'autre doit
baisser à son tour ; les prix sont, de la sorte, avilis et ne peuvent
plus se relever, en Afrique du moins. Mais, diront des gens sensés,
à deux ou trois on peut s'entendre et ne pas se porter tort inutile-
ment ; le procédé serait évidemment raisonnable, mais il ne serait
pas pratiquable, attendu que quelqu'un se dispenserait toujours d'observer la convention, comme l'apprend l'expérience du passé. Cependant — demandera-t-on encore — pourquoi cette lutte aveugle, insen-
sée, ruineuse? Il y a à cela plusieurs raisons qui, parfois, se cumulent
entre elles ; la première, et la plus néfaste, vient du fait des agents et
employés préposés à la gestion des factoreries ; il y en a quelques-
uns dont l'intelligence et l'expérience égalent l'honnêteté et qui,
malgré certains coulages qui pourraient fort bien s'expliquer sur

l'ensemble des valeurs considérables en marchandises qui leur sont
confiées, se feraient un scrupule de porter le plus léger tort à leur
maison dont ils défendent l'avoir comme si c'était le leur propre;
ceux-là sont d'un prix trop souvent ignoré, inestimable à notre sens;
il faut les saluer avec respect, parce que, malgré les effets du climat
tropical, qui débilite aussi bien le moral que le physique, malgré
les tentations de l'éloignement et du manque de contrôle sérieux, ils
sont restés d'honnêtes gens. Malheureusement, ils ne sont pas
légion et la généralité est tout autre : elle songe plus à faire ses
affaires qu'à soigner les intérêts dont elle a la garde. Ces employés,
qui débutent à de faibles appointements et qui craignent, souvent à
tort, d'attendre longtemps la récompense de leurs efforts, n'ont
qu'une pensée : c'est d'acquérir rapidement le minimum d'expérience qui leur semble nécessaire afin de pouvoir s'offrir à une maison existante comme chef de factorerie, ou à une maison nouvelle
comme agent principal; en fait, la création d'un nouveau comptoir
a presque toujours lieu à l'instigation de l'employé d'une ancienne
maison dont il a ravi les secrets; il connaît, ou dit connaître à fond,
les conditions de la traite; il donne des chiffres bien coordonnés; il
fait miroiter des bénéfices magnifiques, atténuant, de son mieux,
le fameux chapitre des frais généraux; si l'on vérifie ses dires, on
les trouve rarement inexacts : les prix de vente, pratiqués le plus
récemment, sont bien ceux qu'il a indiqués; la marge avec les prix
de revient est suffisante; le gain paraît certain; on se lance dans
l'opération. Que se produit-il alors ?

L'installation revient généralement plus cher qu'on ne l'a prévu;
le stock alourdit les comptes de la factorerie; quand ce n'est pas (et
cela est fréquent) la maison qui, dans le but de diminuer son décou-
vert et de se faire de l'argent, presse son agent de lui envoyer des
produits, même en vendant un peu meilleur marché qu'elle ne l'avait
supputé les marchandises d'échange, c'est l'agent, lui-même, qui
prend les devants : animé du zèle maladroit d'impressionner favorablement, dès le début, ses chefs sur son compte, il s'efforce de leur
adresser beaucoup de produits : « Je fais des sacrifices passagers,
écrit-il parfois, mais c'est pour attirer la clientèle. » Les autres
comptoirs sont dans le même cas que lui; afin de ne pas laisser
échapper des clients, ils diminuent leurs prix de vente; chacun su-
renchérit dans le sens de la baisse; le marché est perdu. Les indigènes, attirés par cette bonne aubaine, et qui sentent qu'on se dis-
pute leurs produits dont on a besoin, essaient d'en récolter davantage, même au détriment de la richesse du pays; les statistiques de
la colonie accusent des chiffres de plus en plus élevés qui font croire
à une prospérité qui n'est qu'apparente; on fait, en effet, plus
d'affaires, mais l'on en arrive à gagner peu ou pas d'argent. Le

public est alors victime du mirage des chiffres officiels ; mais ceux qui sont intéressés dans ce genre d'entreprises savent à quoi s'en tenir ; les anciens établissements, qui, ayant jadis réalisé d'importants bénéfices, ont de puissantes réserves, peuvent résister à la crise ; mais les beaux jours sont passés et ils songent à s'implanter dans un autre pays neuf où, dans quelques années, ils éprouveront les mêmes difficultés ; aussi ils ne pensent, ils ne peuvent penser qu'à une chose : réaliser, le plus rapidement possible, de gros bénéfices, même au prix de l'appauvrissement du pays qu'ils savent appelé à leur échapper dans un avenir très prochain par le fait de la libre concurrence commerciale. « Aujourd'hui est à nous ! qui sait ce que demain nous réserve ? » Nous avons dit, plus haut, que, jusqu'en 1898, le commerce avait réalisé, en Guinée française, des bénéfices qu'il ne retrouvera plus. En effet, la hausse du caoutchouc, en Europe, attira, à cette époque, à Conakry, de nouvelles maisons qui, se basant sur les prix d'achat avantageux qu'on y pratiquait, escomptaient des gains élevés ; on a dû vite en rabattre : la hausse d'Europe a eu une répercussion immédiate à la côte ; les uns payaient toujours plus cher « pour faire des produits » ou diminuer leurs stocks ; les autres suivaient, dans le but de ne pas laisser échapper leur clientèle, pensant aussi que des frais généraux, répartis sur un plus grand chiffre d'affaires, sembleraient moins lourds. Bref, quand l'heure des inventaires et des bilans a sonné, on a dû constater, non sans stupeur, qu'il n'y avait pas de bénéfices et que les pertes étaient cruelles. Un engouement irréfléchi avait précipité trop de monde dans la colonie ; le nombre des nouvelles maisons doublait chaque année ; toutes croyaient faire rapidement fortune. Aujourd'hui on panse ses blessures ; on commence à se recueillir ; mais l'élan colonial est bien arrêté dans divers milieux, auxquels on demanderait vainement de s'intéresser dans de nouvelles affaires, même plus sûres et mieux étudiées : les effets fâcheux de la libre concurrence en Afrique effraient maintenant ceux qui ne la considéraient pas plus dangereuse qu'en Europe.

C'est que la situation est essentiellement différente : outre les risques de toute nature, inhérents au commerce africain (et nous venons d'en esquisser quelques-uns), il faut reconnaître — et c'est le nœud de la question — que la colonie ne profite pas, au contraire, de ce qu'on appelle, en France, *les bienfaits de la concurrence*. Chez nous, où presque tous les citoyens sont à la fois consommateurs et producteurs, l'abaissement des prix de vente produit ses effets, généralement heureux, par l'amélioration des conditions de l'existence, par la possibilité d'économiser davantage, ou, dans tous les cas, de produire la richesse sur de meilleures bases ; l'ouvrier, qui paie bon marché son habillement et son pain, peut y ajouter quelque chose; le paysan, qui vend son bétail à un prix plus élevé et qui achète moins cher ses engrais, ne manque pas d'acquérir de la terre; la ménagère laborieuse, à laquelle la baisse générale des prix permet de réaliser des économies, fait donner une instruction plus complète à ses enfants et cherche à les établir avantageusement; chacun de ces êtres humains, animés de l'esprit de travail, d'ordre et d'économie, n'a qu'un désir, fort légitime du reste : améliorer sa situation et celle des siens et leur faire gravir un ou plusieurs degrés de l'échelle sociale. Mais, il faut le reconnaître, ce phénomène social est l'apanage des peuples les plus civilisés. Chez les noirs africains, au contraire, que trouve-t-on? La paresse au lieu du travail, le gaspillage au lieu de l'ordre, l'imprévoyance à la place de l'économie. On a beau leur vendre bon marché, ils n'en sont pas plus riches ; ou bien, pour avoir plus d'objets de fantaisie qu'ils détruisent de suite, d'une manière enfantine, ils anéantissent les lianes caoutchoutières sans les remplacer, « mangeant ainsi leur blé en herbe » ; ou bien, pouvant posséder autant de choses que jadis, avec moins de produits (ceux-ci se vendant plus chers), ils travaillent moins, leurs besoins ne s'accroissant pas ou, tout au moins, d'une manière sensible.

On vient donc de voir que ce n'est pas à l'aide des « bienfaits de la libre et entière concurrence commerciale » qu'on atteindra les résultats qui s'imposent, sous peine de compromettre, à jamais, notre expansion coloniale. Les idées que nous venons d'exprimer sont partagées par nombre de personnes qui ont commercé en Afrique et qui connaissent les nécessités qui s'imposent à ce pays, si l'on veut obtenir de lui tout ce qu'il doit nous rendre. Les noirs nous reconnaissent sur eux une supériorité incontestable dont il faut nous servir, avec humanité et justice, dans leur intérêt comme dans le nôtre; mais n'en faisons pas nos égaux, pas plus en matière économique et politique que dans le courant de nos relations journalières. La liberté, l'égalité, la fraternité sont la conséquence naturelle de la civilisation, mais quand celle-ci est complète et définitivement acquise.

*
* *

Nous croyons avoir établi, à l'aide des chiffres, que c'était avec raison qu'on se plaignait, dans les milieux parlementaires et industriels, de voir que nos colonies — celles du groupe africain plus spécialement — sont très loin de produire et de nous fournir les richesses forestières et agricoles qu'elles possèdent en si grande abondance; de constater qu'elles achètent et vendent peu à la métropole, à défaut d'un ensemble de règles basées sur une sorte de réciprocité

douanière et qui auraient pour effet direct un accroissement notable
de relations commerciales ; d'en être arrivé à se demander s'il n'y a
pas lieu de changer complètement de système de colonisation, les
errements suivis en Afrique jusqu'à présent n'ayant ni profité à la
métropole, malgré les lourds sacrifices qu'elle a dû s'imposer, ni en-
richi les indigènes auxquels l'épargne est inconnue, ni fait réaliser à
leur pays de progrès durables par une mise en valeur rationnelle. Au
début de l'occupation européenne, les premiers arrivés ont gagné de
l'argent ; mais cette ère de prospérité n'a pas été longue ; une concurrence aveugle et maladroite y a apporté un terme prématuré,
sans profit pour personne, on l'a vu plus haut. D'immenses territoires restent incultes ; bien plus, les noirs dévastent inconsidérément
les richesses caoutchoutières et autres qu'ils renferment ; personne
ne peut, actuellement, s'y opposer ; l'Administration a donné des
conseils qui sont restés stériles, faute d'une armée de fonctionnaires
pour leur donner une sanction matérielle ; les commerçants ne se
soucient nullement de faire des sacrifices pécuniaires dont ils sont
à peu près sûrs de ne pas recueillir le bénéfice, de nouveaux venus
surgissant à chaque instant pour leur enlever le fruit d'un travail
difficile, en somme ; d'ailleurs, est-ce que les agissements abusifs de
la libre concurrence ne les contraignent pas à prendre leur part des
produits de la destruction des richesses locales ? Chacun veut, chacun
est, en quelque sorte, obligé de faire plus et plus vite que son voisin :
la ruine est au bout. Au surplus, on le sait, le commerce n'a pas le
temps d'attendre ; il ne crée pas les valeurs, les richesses ; il ne fait
que les échanger ; une nation qui ne serait que commerçante n'aurait qu'une prospérité éphémère (l'histoire en fournit des exemples),
à moins qu'elle ne vive et s'enrichisse — cela se voit — de l'appauvrissement successif des peuples qu'elle a soumis à sa domination ;
les Indes anglaises en savent quelque chose ; mais ces procédés de
colonisation ne seront jamais les nôtres ; nous avons le devoir de
tirer profit de nos conquêtes coloniales pour nous compenser les
charges dont elles nous grèvent ; mais nous avons aussi la volonté de
nous servir de l'exploitation de nos colonies pour l'amélioration matérielle de nos sujets et le relèvement progressif de leur niveau
intellectuel et moral. Les résultats du régime libéral de nos colonies
africaines sont, sinon tout à fait négatifs, du moins absolument
insuffisants, dans tous les cas inacceptables. Il faut donc chercher
autre chose : d'excellents esprits, apôtres d'un évangile colonial
nouveau, s'y emploient avec ardeur ; nous avons cru qu'il ne nous
était pas interdit d'apporter notre très modeste concours à l'œuvre
commune. On verra, plus loin, quelles solutions nous entrevoyons
tant pour l'organisation économique de l'Afrique occidentale française, au point de vue de la mise en valeur de ses immenses territoires,

que pour l'amélioration matérielle et morale des races indigènes qui y végètent jusqu'ici si misérablement.

Auparavant, résumons les aperçus économiques et commerciaux qui précèdent et recherchons si, en attendant l'effet des mesures à plus longue échéance auxquelles nous faisons allusion, on ne doit pas s'efforcer d'appliquer les moyens propres à augmenter, *plus immédiatement,* les achats de nos colonies dans la métropole, et à amener celle-ci à accroître ses achats dans nos colonies.

⁎

Pendant longtemps, on a pu attribuer l'infériorité de notre commerce d'exportation à l'impuissance de notre industrie, que l'on accusait, souvent avec raison, de se montrer routinière et réfractaire à l'idée de transformer son outillage et d'adopter les méthodes nouvelles. Il faut reconnaitre que des progrès notables ont été réalisés, au cours de ces dernières années, et que nos industriels ont fait le nécessaire pour fournir à l'Indo-Chine et à Madagascar les produits qui leur conviennent ; mais il y a lieu d'ajouter qu'ils n'ont pu atteindre ce résultat que parce que des tarifs protecteurs les ont, dans ces colonies, défendus contre la concurrence étrangère. On ne saurait assez le répéter : nous ne pouvons pas fabriquer à aussi bas prix que l'étranger. Les prix de revient de nos produits manufacturés, pour ceux d'entre eux qui conviennent à l'Afrique occidentale, sont, en moyenne, de 12 à 15 % plus élevés que ceux des industries étrangères.

En supposant résolue par nos fabricants la question de produire exactement les mêmes genres qu'à Manchester, par exemple, comme tissage, apprêt, coloris, dessins, coupe et emballage, — toutes conditions indispensables pour satisfaire la clientèle indigène, — il y a à se préoccuper du prix de revient. A cet égard, l'Angleterre, par les prix avantageux du charbon, l'Allemagne, par le peu de cherté de la main-d'œuvre, toutes les deux, par une organisation judicieuse des voies de communication, des tarifs d'exportation, des frets maritimes, ont sur nous une supériorité considérable, sans parler des charges fiscales diverses, bien plus élevées dans notre pays qu'à l'étranger [1].

---

[1] M. Eug. Etienne vient d'indiquer (v. *Dépêche coloniale,* 5 mars 1901) dans quelle limite il comprend la protection de nos industries métropolitaines aux colonies :

« Pour protéger utilement l'industrie nationale aux colonies, et j'estime qu'elle a droit à un régime de faveur, il suffirait d'un tarif comprenant une vingtaine d'articles, avec des droits *ad valorem,* comme au Sénégal, ou quelques droits spécifiques simplifiés, comme ceux qu'on a substitués, à Madagascar et en Indo-Chine, pour les tissus, à la classification du tarif général. »

Serait-il possible et sage d'appliquer à nos cinq colonies de l'Afrique occidentale le système d'étroite protection qui a donné des résultats à Madagascar et en Indo-Chine? En l'état actuel des conventions internationales, il n'y a guère que le Sénégal et la Guinée qui soient libres d'adopter un tarif protecteur, la convention franco-anglaise du 14 juin 1898 nous liant, pour trente années, à la Côte d'Ivoire et au Dahomey, d'une part, et le Congo français étant, d'autre part, soumis aux stipulations de l'acte de Berlin (26 février 1885).

Même si, par impossible, à la faveur d'arrangements diplomatiques, désirables à tous égards, nous recouvrions notre liberté, notamment pour nos deux colonies du golfe de Guinée, il y a lieu de se demander s'il serait prudent d'arrêter uniformément des mesures douanières. Pour le Sénégal, l'expérience a prouvé que celles-ci seraient sans inconvénients — le cercle de Casamance excepté, à cause de sa position entre la minuscule Gambie et la Guinée portugaise.

Quant à la Guinée française, la proximité de Sierra-Leone et la facilité extrême des communications avec cette colonie anglaise nous font un devoir d'être circonspects, pour le moment du moins; des taxes douanières élevées auraient probablement pour conséquence l'exode, chez nos voisins du Sud, d'une partie du mouvement commercial qui constitue actuellement la vitalité de Conakry. La Côte d'Ivoire occupe une situation mixte : le voisinage de la Côte d'Or anglaise et la fréquence des affaires de négoce de nos indigènes de la partie orientale avec cette colonie nous obligent à nous abstenir de toute mesure qui produirait le renchérissement des marchandises; mais, eu égard à l'impénétrabilité de la forêt tropicale, nous croyons que, du N'Zi jusqu'au R. Cavally, on pourrait essayer d'un régime protecteur, sans avoir à craindre de voir nous échapper les affaires, jusqu'ici assez restreintes, de cette région qui s'étend, le long de l'Océan, sur environ 300 kilomètres. En ce qui concerne le Dahomey, le *statu quo* s'impose impérieusement; cette colonie n'est qu'un étroit couloir entre le Togo allemand et le Lagos anglais; il y a, donc, là une concurrence redoutable à surveiller.

Donc, si l'on ne peut qu'accepter incomplètement, dans l'Ouest-Africain, le régime protecteur de Madagascar et de l'Indo-Chine, il faut chercher ailleurs la solution du problème. Les noirs de l'Afrique sont pauvres et le seront longtemps encore, si l'on ne se résout pas à améliorer leur situation, en quelque sorte, malgré eux — effort impossible au commerce, on l'a vu; l'esprit d'épargne leur est inconnu; leur imprévoyance est proverbiale; leur paresse ne l'est pas moins; or, leur niveau moral ne se relèvera que par le travail; dans leur intérêt comme dans le nôtre, il faut donc les amener à s'y habituer, même à l'aide d'une douce contrainte, comme celle dont se servent chez nous les parents à l'égard de leurs enfants. Il est indispensable « d'augmenter la puissance d'achat de nos clients indigènes »; mais, pour accroître cette faculté d'achat, il faut développer la production et, par conséquent, l'exportation des produits[1].

Pour atteindre ce but tant désiré, suffira-t-il de laisser entrer chez nous les produits de nos colonies en absolue franchise de tous droits? Cette mesure sera déjà une amélioration; mais elle ne s'étend qu'à un nombre relativement restreint de produits; on peut penser qu'il y a plus encore à faire.

En effet, la plupart des produits (caoutchouc, etc.) qui, sans distinction de provenance, entrent actuellement chez nous en franchise, c'est comme matières premières nécessaires à l'industrie; aussi l'on a fort justement écrit que c'était « un privilège dont bénéficient les produits étrangers au même titre que nos produits coloniaux; c'est *l'égalité dans le traitement*, et, nullement le privilège qui leur serait nécessaire et qu'il serait légitime de leur accorder[2] ». Ne serait-il pas possible, dans cet ordre d'idées, puisqu'il est établi, à l'aide des chiffres que nous avons reproduits, que nous pourrions acheter de nos colonies bien plus qu'elles nous envoient, de favoriser, à leur entrée en France, leurs produits d'exportation sans léser sérieusement nos industriels? Si l'on veut considérer « la France et ses colonies comme un tout à intérêts unis », il faut qu'on adopte un plan d'ensemble propre à développer nos produits coloniaux en grevant leurs similaires étrangers.

---

[1] On a prétendu que l'élévation des prix, dans nos colonies, quand elle provient de tarifs douaniers surtout, avait pour conséquence d'appauvrir l'indigène en diminuant ses facultés d'achat. Ainsi généralisée, cette conception économique nous semble erronée. Le besoin, seul, faisant travailler les noirs, ceux-ci mesurent leur peine à ce qui leur est nécessaire; aussi, plus on leur vend bon marché, moins ils fournissent de labeur. L'augmentation des prix a donc pour effet direct de les obliger à dépenser plus d'efforts pour se procurer le minimum d'objets qui leur font défaut. Ce supplément de travail, pourvu qu'il soit convenablement réglementé et bien dirigé, ne pourra donc qu'être profitable à l'amélioration économique de la colonie. Il en serait différemment dans les pays civilisés, où la puissance de travail et de production de l'ouvrier a atteint son maximum; comme *il ne peut pas* produire davantage, la moindre élévation dans les prix diminue sa condition. Le noir africain étant très loin de ce maximum et devant l'être pendant de longues années, la marge est considérable, et on ne doit pas craindre que l'élévation des prix l'appauvrisse, au contraire. Elle le forcera à s'habituer à travailler davantage. En Afrique, qui est-ce qui profite de la baisse de prix qu'amène la concurrence? Les indigènes producteurs, les gens des villages? Nullement; mais uniquement les marchands caravaniers, les colporteurs *Dioulas* et *Apollonniens*, qui se gardent bien de faire profiter l'hinterland de la bonne aubaine qu'ils trouvent auprès des comptoirs côtiers. Voilà la vérité. L'élévation des prix ne peut donc pas amoindrir les facultés d'achat des noirs; elle les forcera seulement à travailler davantage pour obtenir plus de produits d'échange. L'intérêt économique général y gagnerait donc en tous points.

[2] V. Guy, *loc. cit.*, p. 364.

Nous avons étudié ailleurs [1] les causes qui amenaient les industriels de notre pays à s'adresser, pour leurs achats de caoutchouc, à Liverpool, Anvers et Hambourg, de préférence à nos sociétés coloniales d'importation. Puisqu'on semble, enfin, se décider à traiter nos colonies mieux que des étrangères, souhaitons qu'on emploie les moyens propres à activer leurs relations avec la métropole. Tout le monde en profitera : nos armateurs, dont les plaintes sont toujours vives, par un surcroît de fret ; nos finances par un plus fort rendement des douanes. Que si, pour éviter la douane, les industriels métropolitains augmentent leurs achats dans nos colonies, l'accélération des affaires de celles-ci améliorant leur budget, elles cesseront de recourir aux subventions de la métropole, même pour leurs travaux publics. Enfin, si l'on ne voulait pas imposer à nos industriels ce léger sacrifice dont nous parlons, rien ne s'opposerait à ce que, *à la sortie* de chaque colonie, les produits destinés à la métropole paient un droit moindre que ceux dirigés à l'étranger. Ce système a suffisamment bien réussi à nos riz de l'Indo-Chine pour qu'on essaie de son application dans nos colonies d'Afrique. Il présenterait, de plus, cet avantage d'engager les comptoirs étrangers de nos colonies à changer leurs habitudes et à adresser leurs produits dans notre pays qui bénéficierait, ainsi, d'un mouvement énorme d'affaires dont profite aujourd'hui l'étranger ; les marchés de matières premières, dont la création est si vivement réclamée aujourd'hui, naîtraient d'eux-mêmes et seraient facilement alimentés.

En résumé, le remède *le plus immédiat bien qu'insuffisant* à notre état d'infériorité commerciale aux colonies se trouve dans l'application d'une série de mesures qui peuvent se condenser en quelques mots : amélioration des transports terrestres et maritimes métropolitains, réduction et simplification des tarifs d'exportation, et, enfin, établissement d'un ensemble bien combiné de droits de douane compensateurs, quand ils seront possibles. Mais ce ne seront là que des procédés limités dans leurs effets et sans répercussion tangible sur l'œuvre de pénétration et de mise en valeur que les pouvoirs publics doivent faciliter par tous les moyens qui s'offrent à eux, s'ils veulent sincèrement, comme le réclame l'opinion publique, que nos territoires de l'Afrique occidentale, maintenant pacifiés, deviennent plus rapidement, plus complètement et plus sûrement autre chose que des terres incultes ou bien la proie de l'exploitation inintelligente et dévastatrice des indigènes. Pour réaliser ce programme, on a préconisé diverses méthodes ; les uns, estimant que nos colonies sont arrivées à « l'âge de l'agriculture », proposent l'adoption de règles qui, pour la plupart, ne sont pas toujours applicables à l'Afrique et

---

[1] V. *Guinée française*, p. 196 et 254 (A. Challamel, 1900).

sur lesquelles nous reviendrons plus loin ; les autres pensent que
l'outil efficace par excellence est la voie ferrée et ils préfèrent la
construction de chemins de fer partout où cela est techniquement
possible, oubliant peut-être un peu trop que ce sont là des travaux
 xtraordinairement dispendieux qu'aucune de nos colonies d'Afrique
ne peut prendre en charge pour la totalité et dont, en lui-même, le
rendement est parfois trop incertain pour que les industriels et les
capitalistes s'y intéressent, si on ne leur concède pas de larges
avantages compensateurs pour les risques à courir.

Pour réaliser ce programme, nous croyons, avec M. Eugène Étienne,
qu'il serait impossible et imprudent de donner une charte économique uniforme aux diverses parties, parfois si différentes entre
elles, de notre Afrique occidentale : les pays de culture de l'arachide
(Sénégal côtier proprement dit), les contrées d'élevage (Fouta
Djallon), les zones de la forêt tropicale (Côte d'Ivoire), la brousse
soudanaise, ne peuvent évidemment pas être soumis au même
régime ; ici se presse une population dense et un peu, bien qu'insuffisamment, laborieuse ; là végètent, au milieu des bois impénétrables,
de malheureux villages presque sans communications entre eux,
s'ignorant même à quelques lieues de distance et ne possédant
aucune organisation politique ou économique. Il va de soi qu'il ne
serait pas sage d'assimiler ceux-ci à ceux-là, dans un sens ou dans
l'autre, tant au point de vue d'un régime de pleine liberté qu'au
point de vue d'un état de réglementation saine, judicieuse et appropriée à la situation de chacun. La distinction, qui précède, devrait,
à notre sens, et cela est naturel, s'appliquer aussi bien au régime
des terres qu'à celui de la main-d'œuvre et des travaux publics.

C'est donc, en pleine connaissance de cause, que l'on disait, à l'un
des Congrès de l'Institut Colonial International : « Il serait dangereux et funeste d'implanter sur un sol vierge de toute civilisation ou
sur un continent soumis au joug des traditions antiques les lois qui
régissent, au XIXᵉ siècle, les nations européennes... Ce serait œuvre
de pure utopie. Ce qu'il faut, c'est étudier le régime économique
qui convient le mieux au territoire, au climat, aux races différentes,
en indiquant comme appropriées aux circonstances des règles qui
s'inspirent à la fois de fermeté, de justice et d'humanité. » Cela
implique que « la colonisation n'est pas une pure question d'intérêts
matériels » et que « procurer à la mère-patrie la plus grande somme
possible d'avantages économiques » n'est qu'une partie du problème.
Mais on n'arrivera à ceci que par cela et en sortant des sentiers
battus qui n'ont, jusqu'ici, mené à presque rien dans l'œuvre de la
pénétration progressive et de la mise en valeur rationnelle, pratique
et efficace du continent noir français. Cette œuvre, l'appropriation
des terres, seule, l'accomplira.

III

L'APPROPRIATION DES TERRES. — L'AMÉNAGEMENT DES FORÊTS. — LE RÉGIME

DES CONCESSIONS TERRITORIALES

On a récemment distribué au Sénat le substantiel rapport de M. Pauliat sur le budget du ministère des Colonies pour 1901. Les constatations affligeantes, auxquelles se livre l'honorable sénateur, après M. Le Myre de Vilers, sont trop conformes à nos propres sentiments sur la part insuffisante de la France dans le commerce général de ses colonies, pour que nous résistions au désir d'en donner tout d'abord une courte analyse. Nous avons toujours pensé et soutenu, contrairement à l'opinion d'une fraction du monde colonial, que *les colonies étaient faites pour la métropole et non pas la métropole pour les colonies*. M. Pauliat, comme tout homme sensé, comme tout citoyen clairvoyant, indique la même idée : « C'est une vérité, admise aujourd'hui partout, que les colonies, à moins qu'elles ne constituent des positions stratégiques (et, en ce cas, elles sont généralement de faible étendue), n'ont réellement de raison d'être, pour un pays, que si elles lui offrent des débouchés pour l'écoulement de ses produits ou le moyen de se procurer des denrées et des marchandises dont il a besoin et qu'il serait dans l'obligation d'acheter à l'étranger. » Puis, après avoir, à l'aide de chiffres malheureusement éloquents, démontré que le peu d'affaires, que nous faisons avec nos colonies, nous coûte trop cher en frais d'administration de toute nature, tandis que l'étranger, qui monopolise la majeure partie de notre commerce colonial, « le fait sans bourse délier, puisqu'il n'a pas la responsabilité de la police et de la défense de nos colonies et qu'il n'a pas à pourvoir aux dépenses qu'elles entraînent » et dont il profite gratuitement sur nos propres territoires, il demande, avec force, une modification dans la politique que nous suivons dans nos colonies « si l'on ne veut pas que notre empire colonial, qui peut et doit être une source de richesses et de puissance pour notre pays, ne devienne, à la longue, pour lui, une dangereuse cause d'appauvrissement et de faiblesse ». Car, « on ne peut pas dire que, au point de vue du commerce, de l'échange des produits et de l'existence de marchés réservés, nous obtenions avec nos colonies des résultats qui justifient, dans une mesure quelconque, nos dépenses ». Et plus loin : « Quant aux résultats, aux avantages, aux bénéfices — et c'est en première ligne de cela qu'une administration coloniale s'appliquant à des territoires neufs, doit donner — personne ne peut nier qu'ils sont, pour ainsi dire, nuls. Qu'il s'agisse de l'écoulement des produits de la métropole ou de commerce, de champs d'activité ouverts à nos nationaux ou de centres d'établissement et de colonisation, etc., nos colonies ne nous rendent pas la vingtième partie de ce qu'elles coûtent, chaque année, au Trésor. » Pourquoi en est-il ainsi? Parce que nous n'avons pas imité « ce qu'ont fait les autres pays qui ont mis leurs territoires en valeur ». Il faut donc « imposer à notre administration coloniale une orientation toute nouvelle et lui donner pour but exclusif. la mise en valeur des territoires qu'elle a mission d'administrer... » au lieu de les laisser livrés à la libre, inconsciente et ruineuse exploitation des indigènes et du commerce colonial étranger et, parfois, français. « Cette question de la colonisation et de la mise en valeur de nos possessions coloniales est capitale. Pour tout le monde, nos fonctionnaires coloniaux devraient être constamment au courant de ce qui se produit sous ce rapport dans leur circonscription, afin de se rendre compte des efforts réalisés ainsi que de tous ceux qui restent à accomplir et que leur devoir serait de provoquer et d'encourager. Or, à considérer l'indifférence que marquent la majeure partie d'entre eux, il semblerait, au contraire, que cette question de colonisation et de mise en valeur des colonies est, à leurs yeux, une chose d'ordre inférieur et très accessoire, dont ils n'ont pas à se soucier ».

Enfin : « Aujourd'hui la fièvre des conquêtes coloniales est tombée, la réflexion est venue, et le pays tout entier demande que les colonies, cessant de trop lui coûter, soient administrées de façon à commencer à donner des résultats. »

Si nous avons insisté, dans les citations qui précèdent, c'est qu'elles s'appliquent, avec une vérité saisissante, à nos colonies africaines qui, à l'inverse de l'Indo-Chine et de Madagascar, restent de bien pauvres clientes pour notre industrie métropolitaine, et demeureront longtemps encore, au point de vue de leur situation économique générale, en tenant compte de leur étendue et de leur population, dans un état d'infériorité absolument fâcheux si l'on n'y apporte pas des remèdes énergiques.

Le commerce colonial n'a donc pas répondu à ce qu'on attendait de lui, au point de vue de la mise en valeur de notre domaine africain, soit parce qu'il n'a pas *su* obvier aux nécessités du moment, soit — ce qui est plus probable — parce qu'il ne l'a pas *pu* ni *voulu*, le souci de ses intérêts lui commandant de ne point faire de sacrifices dont d'autres profiteraient à son détriment. C'est, d'ailleurs, une vérité certaine : le commerce ne crée rien; il ne fait qu'échanger des valeurs; or comme, en Afrique, il ne s'alimente que de l'achat des produits du sol, il est nécessaire, pour que son essor augmente, que ces produits ne viennent pas à disparaître et qu'ils s'accroissent; cette œuvre de conservation et de progrès est essentiellement agricole; donc elle est soumise au mode d'appropriation du sol qui, dans la zone tropicale, est subordonné à la nature des régions à coloniser, au caractère et au nombre de leurs natifs. Cela revient à dire que la mise en valeur de notre domaine colonial peut et doit se faire de plusieurs manières, suivant les contrées, leurs habitants, leur degré de civilisation, leurs aptitudes et leurs besoins : ici, par la multiplication des moyens de transport par terre et par eau, ainsi que par l'agriculture proprement dite sur des propriétés restreintes dans les' pays à population dense; là, par le régime des concessions territoriales, dans les contrées encore non civilisées et à population clairsemée, ce régime ne devant pas être perpétuel, mais étant appelé seulement à préparer, à long terme, la colonisation individuelle et à lui faciliter les moyens de s'étendre.

Les pays d'élevage recevront aussi une organisation terrienne différente de celle des zones forestières; celles-ci doivent nécessairement présenter des lots de grande étendue, afin de permettre la reconstitution des richesses forestières au fur et à mesure de leur exploitation.

Mettre en valeur une colonie, c'est en tirer parti. Mais comment? Nous venons de l'esquisser d'un mot. Au profit de qui? D'abord, au profit du budget métropolitain en l'exonérant de toutes charges directes et indirectes; ensuite, au profit de l'industrie et du commerce de la métropole qui ont droit à des compensations d'ordre douanier pour les sacrifices qu'a imposés la conquête; enfin, dans l'intérêt de la colonie elle-même, par l'adoption de mesures propres à assurer son propre développement économique autrement qu'en laissant le pays livré à l'exploitation imprévoyante et destructive des indigènes qui, actuellement, ne cherchent, au détriment des richesses agricoles et forestières, qu'à faire, répétons-le encore, le plus possible de produits pour les vendre aux commerçants établis à la Côte et qui, les noirs travaillant pour eux, ne se soucient nullement de consacrer d'importants capitaux à l'œuvre de la pénétration et de la mise en valeur réelle et progressive de l'hinterland, dans la crainte, assez fondée d'ailleurs, que leurs sacrifices profitent à de nouveaux venus qui bénéficieraient de leurs efforts sans bourse délier, à défaut d'une réglementation assurant à chacun le fruit de son travail. Mais, on l'a compris, en indiquant un ordre, nous n'entendons nullement soutenir qu'il faut songer à l'un des facteurs du problème à l'exclusion des autres; il y a lieu, à notre sens, de rechercher, par une vue d'ensemble assez large, un faisceau de moyens dont l'application donnerait une satisfaction nécessaire aux préoccupations légitimes maintes fois manifestées au Parlement et dans l'opinion publique.

*
* *

Le commerce libre, en Afrique occidentale, est extraordinairement difficile [1] : la nécessité de gros capitaux destinés à rester indisponibles durant de longs mois; les inconvénients du climat exposant toujours les Européens à des interruptions de travail; une très grande difficulté pour le recrutement d'un personnel robuste, honnête et intelligent; une surveillance imparfaite et lente à cause de l'éloignement; des connaissances techniques multiples, tant au point de vue du maniement des affaires d'Europe (marchés à livrer, contrats de fret, etc., etc.) que de la transformation incessante des conditions du négoce avec les indigènes, par suite d'une concurrence effrénée, souvent maladroite pour ses propres intérêts, donc l'insécurité du lendemain; toutes ces conditions ont eu pour résultat, jusqu'ici, de permettre seulement à quelques grandes maisons, de Bordeaux et de Marseille, les entreprises coloniales en Afrique; quand, par hasard, d'anciens employés, après avoir vaincu l'extrême difficulté de trouver des capitaux très chers en Europe, confiants dans leur énergie, ont tenté de s'établir pour leur propre compte, ils ont été vite réduits à la ruine ou à n'être que les satellites des grands comptoirs. L'histoire serait longue, et inutile ici, des échecs immérités et des espoirs déçus. On en parle peu dans les sphères qu'ont su se rendre favorables les négociants côtiers établis à Bordeaux et à Marseille. Mais cela se sait dans le public désintéressé et, particulièrement, dans le monde si actif et si important de nos commissionnaires qui ont souvent, mais vainement, essayé de prêter leur appui à de modestes et sérieux travailleurs.

Aussi, nos grandes maisons coloniales de l'Afrique, connaissant, mieux que personne, le monopole de fait, le fief réel qu'elles possèdent, emploient tous les moyens pour que rien ne vienne à changer; elles se réclament de principes et d'idées, qui sont excellents en Europe, mais dont l'application est absolument prématurée dans cette Afrique en retard de plus de dix siècles sur notre civilisation. D'ailleurs, aussi bien en Belgique, en Allemagne qu'en Angleterre, personne ne s'y est trompé : toutes les fois que les gouvernements

---

[1] « Il convient de mettre le public en garde contre cette légende *qu'il suffit d'aller aux colonies pour y faire promptement fortune*. On doit y aller avec l'intention d'y chercher un emploi rémunérateur de ses énergies et de ses connaissances, pour s'y faire, en travaillant, une existence honnête, relativement facile et plus large, en tous cas, qu'on ne l'eût pu rêver dans la métropole. C'est dire qu'il faut partir, armé de toutes pièces pour la lutte, et qu'on ne peut y réussir qu'à cette condition. » (V. Charles-Roux, *loc. cit.*, p. 292.)

de ces pays ont cru devoir recourir à la création de compagnies coloniales jouissant de sécurités plus ou moins étendues, suivant les cas,
les capitaux n'ont jamais hésité à donner leur concours. En France,
aussi, il y a deux ans, lorsqu'un ministre clairvoyant voulut tirer
le Congo français de l'état lamentable où il végétait depuis de si
longues années, malgré la liberté commerciale, lorsque M. Guillain
organisa le régime des terres de cette colonie, réputée jusqu'alors si
rebelle à toute entreprise, il y eut trop de demandes et plus de
50 millions furent réunis en quelques mois. Qu'il y ait eu des tentatives de spéculation, cela est probable ; mais est-il raisonnable de
dire que l'œuvre est mauvaise à cause de cela? De nos jours, par
suite de la diversité des intérêts, la spéculation se met partout ; on a
joué sur le Suez, on joue sur les valeurs de traction ; ces entreprises,
ou même les conventions qui les ont concédées, sont-elles condam-
nables pour cela? Au surplus, il importe d'observer que ce n'est pas
la petite épargne, celle qui n'a pas les moyens de s'éclairer utilement,
qui s'intéresse aux affaires coloniales, dont la réputation est trop
mauvaise « dans le petit monde », mais bien la finance et les gros
rentiers qui exposent une partie de l'excédent de leurs revenus ; ils
n'ignorent pas les risques qu'ils courent ; mais ils savent que, si
leur argent n'est pas perdu, si, au bout de quelques années, il rap-
porte, les dividendes seront élevés. On a parlé d'un énorme krach au
Congo français : pourquoi plus chez nous que chez notre voisin le
Congo belge ? La richesse du pays est la même, et si nous n'avons pas
les mêmes moyens pour l'exploiter, la marge reste encore grande
pour les bénéfices. Qu'il y ait des échecs partiels, cela est certain ;
qu'ils soient dus à une mauvaise direction en Europe, à des impru-
dences de gestion, à un mauvais choix du personnel, au désir fâcheux
de faire croire trop vite à de gros bénéfices en vue de faire monter
le cours des actions, peu importe. Mais, au moins, ce que l'on peut
dire, c'est que le capital des sociétés qui disparaîtront ne sera pas
entièrement perdu ; d'abord, les terres concédées en auront profité,
dans une certaine mesure, le budget de la colonie également ; ensuite
les fusions forcées qui s'ensuivront réserveront toujours aux premiers actionnaires une part déterminée. Voilà pourquoi l'extension
du régime des concessions territoriales trouvera toujours des partisans résolus parmi les hommes sérieux, en dehors, bien entendu,
des négociants côtiers et de leurs amis. Un chef a toujours le droit de
choisir ses auxiliaires ; le Ministre des Colonies a le devoir d'en user
pour l'œuvre de la colonisation. Afin d'éviter la plus légère des cri-
tiques ou des suspicions, dont, chez nous, l'esprit de parti est trop
prodigue, M. Trouillot a créé la *Commission des concessions coloniales*
(décret du 19 juillet 1898), laquelle, par sa composition (conseillers
d'Etat, conseillers référendaires à la Cour des Comptes, hauts fonc-

tionnaires, membres des principales Chambres de commerce), offre les plus sérieuses garanties de savoir et d'impartialité. L'honorable M. Decrais l'a bien compris quand, il y a un peu plus d'une année, à l'occasion de vives, trop vives réclamations d'une partie du commerce colonial, désireux qu'il ne soit pas donné une seule concession dans l'Ouest-Africain, par un amour vraiment exagéré du *statu quo* dont il a jusqu'ici profité seul, il conféra à la Commission dont s'agit le soin d'étudier s'il convenait, ou non, d'étendre, sauf certaines modifications, à notre Afrique occidentale, et en vue d'activer sa mise en valeur progressive et méthodique, le régime inauguré au Congo. M. Trouillot, qui avait créé cette Commission, M. Guillain, qui a recouru si largement à ses lumières, M. Decrais, qui l'a consultée dans la circonstance importante que nous venons de rappeler, ont estimé, malgré les griefs d'une fraction de ce que l'on est convenu, chez nous, d'appeler le *parti colonial*, que — précisément à cause de l'acuité des revendications de celui-ci non moins que des extrêmes rivalités touchant aux personnes et aux intérêts — il était indispensable que les décisions d'une haute et large autorité, étrangère à ces débats inutiles ou dangereux, puissent s'imposer à tous.

L'étude à laquelle M. le Ministre des Colonies avait convié la Commission des concessions, présidée, comme on le sait, par M. le conseiller d'Etat Cotelle, a été aussi complète et aussi étendue que possible ; on peut dire que tous les intérêts opposés ont été consultés ; les opinions les plus contraires ont pu se manifester ; en fait, elles ne s'en sont pas privé et on doit s'en féliciter, l'avis terminal de la Commission en tirant une force toute particulière, s'il est possible. Eh bien ! ce qui a surpris, c'est que, peu confiants dans une cause soumise à la Commission compétemment saisie, les négociants côtiers, adversaires du régime des concessions, aient cru, au cours même de l'enquête impartiale à laquelle on était en train de procéder, devoir saisir de la question la Chambre des députés sous forme d'une interpellation. Dans la séance du 30 mars 1900, M. d'Agoult, député du Sénégal, s'est fait l'écho de leurs doléances ; il a dit, entre autres choses : « Quand un pays neuf est soumis à l'exploitation européenne, il y a deux méthodes pour le coloniser : ou bien constituer le socialisme d'Etat, dire franchement et nettement : ce pays est un pays que nous allons exploiter par acte du gouvernement ; ou bien livrer nettement ce pays au commerce libre. » La Chambre a opté pour le *socialisme d'État* et, l'ordre du jour pur et simple ayant été réclamé par M. Louis Brunet, député de la Réunion, et adopté à la quasi unanimité des voix, l'attaque a échoué. Il importe simplement de retenir ces paroles prononcées à la tribune par M. le Ministre des Colonies : « M. d'Agoult n'ignore pas que je ne ferai rien sans l'avis des gouverneurs ; il sait bien, dans tous les cas, que, sur la question qui a provoqué cette interpellation et qui fait l'objet des études de mon administration et d'une enquête impartiale de la grande Commission des concessions, aucune solution n'interviendra avant l'établissement de certaines mesures préalables indispensables, comme, par exemple, l'établissement du régime foncier indispensable aux colonies. » M. Decrais a tenu parole.

La Commission des concessions, ayant clôturé ses longues délibérations, a fait connaître son avis nettement affirmatif sur la question de principe qui lui avait été posée par M. le Ministre des Colonies : *Y a-t-il lieu d'étendre à l'Afrique occidentale, pour sa mise en valeur, le régime inauguré au Congo ?* — Oui, a répondu, le 10 juillet 1900, la Commission; il y a lieu de recourir au régime des concessions territoriales, tout en réservant, d'une part, les terres propres à faciliter l'entreprise de grands travaux publics, et, d'autre part, les parties sur lesquelles le commerce pourrait se réclamer de certains droits d'antériorité par une occupation directe, sérieuse et ancienne.

Le principe étant ainsi tranché, M. le Ministre des Colonies, quelques semaines après, a soumis à la signature de M. le Président de la République (30 août 1900) un ensemble de décrets fixant les bases du *Régime forestier*, de la *Propriété foncière*, du *Domaine public* et des *Terres domaniales*. En ce qui concerne ces dernières, sont déclarées telles les terres vacantes et sans maîtres; puis on indique à quelles conditions générales sont soumises les concessions de jouissance temporaire, suivant qu'il s'agit de superficies inférieures ou supérieures à 10.000 hectares. Tous les principes étant ainsi posés, il ne reste plus qu'à les appliquer et les faire entrer dans le domaine des faits[1].

Au surplus, pour brûlante qu'on l'ait rendue, cette question du régime des terres et des concessions coloniales a toujours été résolue dans le même sens, toutes les fois que de grandes commissions et des corps élus ont eu à s'en occuper. Ç'a été, d'abord, le Conseil Supérieur des Colonies qui, réuni par M. Étienne, le distingué président du groupe colonial à la Chambre, émit un avis favorable et fortement motivé (6 juin 1891) « à la création de compagnies privilégiées pour la colonisation et la mise en valeur des territoires de nos colonies... » Ce fut ensuite (1897) la Commission Sénatoriale des Colonies qui, par l'organe de son rapporteur, M. Pauliat, se rallia au principe des grandes concessions territoriales. « Sous le rapport du peuplement, des travaux publics et de la mise en valeur de nos colonies, les compagnies concessionnaires accompliraient des choses qu'on ne saurait attendre, d'ici longtemps, de la colonisation individuelle et qu'on

---

[1] On consultera avec intérêt les idées que développe, à ce sujet, M. Ch.-Roux dans les pages 66, 72 et 76 de sa remarquable *Introduction générale* à la collection des COLONIES FRANÇAISES A L'EXPOSITION DE 1900. (A. Challamel, 1901.)

— 44 —

demanderait vainement à l'État dans notre présente situation financière. » Puis est venu, il y a six mois, l'avis de la Commission des
concessions. Cet avis, favorable, comme nous venons de le rappeler,
au régime des concessions de terres, a d'autant plus de poids qu'il a
été le résultat de vifs débats, d'une longue enquête et d'études
approfondies. Enfin, et pour terminer, n'oublions pas, d'une part, le
remarquable rapport de M. Octave Noël au Congrès de géographie
économique et commerciale sur *le Meilleur Régime économique qui
favorise le plus la colonisation* : « La loi économique pousse à la con-
centration des forces ; les grandes compagnies à chartes ou autres
sont utiles et parfois indispensables à la prompte et fructueuse
exploitation des colonies ainsi qu'à la consolidation de l'influence
métropolitaine, et leur constitution doit marcher de pair avec les
concessions individuelles. » Rappelons, d'autre part, que le Congrès
Colonial International de 1900, dans sa séance du 2 août, contrairement à un vœu déposé : « qu'il ne soit plus donné de grandes concessions avant que l'expérience suivie au Congo ait donné des
résultats certains », adopta à une énorme majorité (35 voix contre
11 abstentions) la motion déposée pour M. Arthur Girault : « Le
Congrès émet le vœu que les grandes concessions ne soient accordées que dans les régions et dans la mesure où elles ne lèsent pas les
droits antérieurs des indigènes et des Européens ou assimilés. »

On connaît sur cette question l'opinion conforme de M. Marcel
Dubois, professeur de géographie coloniale à la Sorbonne.

De son côté, M. Henri Lorin, professeur de Géographie coloniale
à l'Université de Bordeaux, dans un ouvrage fort bien fait qui vient
de paraître [1], jette, dans son introduction, un coup d'œil d'ensemble
sur les conditions économiques de l'Afrique, et, quand il examine la
situation spéciale à la région occidentale de ce vaste et si longtemps
mystérieux continent, il est amené à constater que « le commerce
intérieur entre les indigènes est très peu actif…, et que ce n'est pas
en semant sur les côtes quelques comptoirs de plus que l'Europe
pourra diriger un mouvement de pénétration efficace ;… la nécessité d'une pénétration rationnelle apparaît donc impérieuse ; mais
celle-ci doit être préparée par une action sur les indigènes, auxiliaires indispensables de toute amélioration à l'européenne. Initier
les indigènes à une agriculture raisonnée, c'est les mettre à même
de s'enrichir sur place, et, par suite, d'acquérir des facultés
d'échange qui leur font aujourd'hui défaut. Les palmiers à huile, les
arbres et les lianes à caoutchouc, sont presque partout exploités par
les nègres, sans souci de sacrifier l'avenir au présent ; les Arabes,
même les Européens, plus cupides que prévoyants, encouragent ces

---

[1] *L'Afrique à l'entrée du vingtième siècle* (chez Challamel).

pratiques meurtrières... Le commerce ne s'inquiète guère des moyens de cueillette ni des lieux d'origine... Les indigènes, intéressés seulement à récolter le plus possible de caoutchouc, tranchent ou incisent sans discernement, mêlant les sucs de plusieurs espèces et saignant à mort la plupart des plantes qu'ils ont touchées... L'expérience a prouvé qu'une concurrence effrénée des factoreries n'encourageait que la paresse et la fraude des indigènes, en exagérant beaucoup les prix de revient. »

Ce n'est donc pas du commerce libre, seul, qu'il faut attendre l'œuvre de la pénétration et de la mise en valeur de nos plus jeunes colonies de l'Afrique. Il y a même un intérêt de premier ordre à ce que, pour éviter la destruction des richesses forestières, les pouvoirs publics procèdent, le plus rapidement possible, à une réglementation appropriée aux besoins divers de chacune de ces colonies. Si on a pu dire avec exactitude que, « parmi les colonies, peu sont faites pour la colonisation par les petits capitaux », c'est avec plus de raison encore qu'on a écrit « que la mise en valeur d'une colonie est avant tout une affaire d'argent » (C. Guy, *loc. cit.*), mais que « la difficulté est de donner aux exploitants la sécurité dont ils ont besoin ». (Imbart de la Tour, p. 69.) À cet égard, nous l'avons déjà indiqué, le régime des concessions est encore ce qu'on a trouvé de mieux ; car, « quand on donne des concessions, celles-ci sont grevées de véritables servitudes dans l'intérêt général de la civilisation ». Ce n'est donc pas un cadeau que fait l'État, comme on s'est plu à le répéter bien à tort, mais une opération qui, si elle présente certaines garanties, comporte des obligations étroites dans l'intérêt agricole et financier de la colonie et des risques indéniables.

Il serait oiseux de rechercher ici si les concessions doivent être consenties à titre gratuit ou à titre onéreux. En consultant le cahier des charges des concessions du Congo, nous voyons qu'il s'agit d'un contrat de jouissance temporaire, d'une sorte de bail de trente années, renfermant toute une série d'obligations *de faire* et *de donner*. Les terres ne sont pas *vendues* au concessionnaire ; mais leur usage est loué à des conditions déterminées. On peut donc dire qu'il y a là un véritable contrat à titre onéreux : *do ut des, do ut facies.*

* *

On s'est demandé s'il convenait de donner de *grandes* ou de *petites* concessions. Nous examinerons plus loin cette grave question ; nous voulons, cependant, reproduire ici une formule heureuse due à l'esprit pénétrant de M. C. Guy et qui résume assez exactement ce que doivent se proposer de faire les concessionnaires sérieux : « Le type des compagnies à créer serait donc une société qui combinerait à la fois la production des produits et la vente de ces produits, qui serait, à la fois, agricole et commerciale, qui vendrait, avec un bénéfice légitime et proportionnel aux risques courus et au temps perdu, les produits du sol, mais qui mettrait en valeur ce sol pour ne pas manquer d'éléments d'échange et de vente, après avoir créé des débouchés..... »

Les *petites* concessions sont naturellement indiquées dans les pays à population dense, dont l'état social est moins arriéré que celui de la plupart de nos peuplades africaines, dont, de plus, l'outillage économique présente un certain nombre de facilités quant aux communications, au ravitaillement, etc., etc. Les *grandes* concessions, au contraire, s'imposent là où les habitants sont rares, arriérés et peu organisés, là où de grands travaux sont nécessaires pour la construction des routes et l'amélioration des voies de communication, non moins que pour l'exploitation réglée des forêts. De semblables œuvres exigent de puissants capitaux; or ceux-ci ne viendront que si on leur assure de grandes étendues de terre, les chances de trouver de bonnes parties étant plus grandes aussi. Enfin, ce genre d'entreprises exige des frais généraux élevés, tant en Europe qu'en Afrique; un capital de 200.000 francs demandé, par exemple, pour une concession de 50.000 hectares utiles (c'est-à-dire déduction faite des terres réservées aux indigènes) supportera moins facilement par année 20.000 francs de frais — ce qui donne l'énorme proportion de 10 % — que si ces mêmes frais grèvent un capital de 500.000 francs pour une concession de 150 à 200.000 hectares — ce qui réduit la proportion à 4 % — chiffre normal et usité dans nombre d'entreprises.

Aussi, M. Guy (*loc. cit.*) a-t-il raison d'écrire : « Il peut y avoir place pour de grandes sociétés qui, sans dédaigner l'agriculture, entreprennent, en même temps, l'exploitation des mines, des forêts, la construction de voies de communication, compagnies d'avant-garde, s'il en fut, outil nécessaire au début d'une exploitation. C'est une question de temps et de lieu ». On ne saurait mieux dire : Compagnies d'avant-garde, voilà bien le mot, voilà le rôle qu'elles doivent avoir et que leur donnera la nature des choses. Quand, avec des fortunes diverses, elles auront exploré les terres, débroussé les chemins, facilité les communications, «*prospecté*» le pays dans tous les sens; quand elles auront, ainsi, mis en lumière des richesses naturelles de toutes sortes qui sommeillaient dans la nuit de la sombre forêt, il ne manquera pas d'hommes énergiques, mais prudents et peu fortunés, qui s'entendront avec ces sociétés pour venir s'établir sur tels ou tels points intéressants pour ce qu'ils auront le dessein d'y faire. L'infâme monopole — si monopole il y a — aura, une fois de plus, rendu à la chose publique les services qu'on est en droit d'exiger de lui : créer ce qui est inexistant, organiser ce qui ne l'est pas, et disparaître de lui-même, quand l'outillage économique est devenu parfait. N'est-ce pas l'histoire de tous les monopoles, même dans les pays civilisés? Aurait-on, au début de l'emploi du gaz, trouvé des capitalistes disposés à exposer leur argent, s'ils n'avaient pas trouvé, dans les contrats de concessions avec les villes, certaines sécurités? Nos compagnies de chemin de fer seraient-elles nées, il y a cinquante ans, si l'État n'avait pas assuré à leurs actionnaires des avantages réels? Qu'on n'oppose pas l'exemple des chemins de fer américains ; ils ont fait trop de faillites et accumulé trop de ruines pour tenter qui que ce soit d'imiter le système qui a présidé à leur naissance et à leur exploitation. Chez nous, l'épargne est généralement timide ; il faut la prendre comme elle est et la traiter de même.

*
* *

On a posé en principe que c'était par l'agriculture qu'il fallait commencer l'exploitation des colonies : « car il ne peut y avoir de commerce qu'autant qu'il y aura, dans nos établissements, des colons et des richesses, et il ne saurait exister d'industrie qu'autant que colons et indigènes auront des besoins nouveaux et les moyens de les satisfaire. » (C. Guy, *loc. cit.*)

Une autre personne a écrit : « L'agriculture, précédant le commerce, l'aura rendu possible, partant rémunérateur. » (J. Chailley-Bert, *L'âge de l'agriculture.*) Si la théorie est exacte, son auteur doit reconnaître que le commerce libre est absolument inapte, volontairement ou non, à la faire entrer dans la demeure de la réalité. Nous l'avons expliqué ailleurs : le commerce libre n'a pas le temps d'attendre ; il lui faut des gains immédiats, que des concurrents pourraient lui ravir demain, s'il ne les prenait pas aujourd'hui. N'oublions pas que partout en Afrique occidentale, sauf au Sénégal, à cause de l'ordonnance de 1843 interdisant aux étrangers l'accès du fleuve, les maisons étrangères sont en bien plus grand nombre que les maisons françaises. Ces comptoirs étrangers, n'étant pas chez eux, ne se soucient pas de réserver l'avenir ; ils s'efforcent de faire le plus d'affaires possible, vendant bon marché et achetant cher ; pour ne pas disparaître tout à fait, les factoreries françaises sont obligées de suivre ce mouvement périlleux, au grand détriment des bénéfices qui vont sans cesse en diminuant ; on conçoit que, luttant péniblement dans ces conditions pour essayer de conserver une situation difficilement acquise, elles ne puissent réellement pas employer de gros capitaux dans des entreprises agricoles à rendement long et incertain, et encore moins dans des travaux de pénétration : éta-

blissements de routes, amélioration de cours d'eau, dont ils feraient
bien les frais, mais dont ils s'abstiennent sagement, parce que leurs
concurrents en profiteraient immédiatement sans bourse délier et
se trouveraient, par conséquent, mieux placés qu'eux pour vendre à
bon compte, n'ayant pas de lourds amortissements à opérer. Aussi
l'on se garde bien de citer un exemple : dans l'Ouest-Africain,
aucune grande maison, pas même celle qui a des installations à la
fois au Sénégal, en Guinée et à la Côte d'Ivoire, n'a attaché son nom
à quelque grande entreprise agricole ni à d'importants procédés de
pénétration. Il faut donc conclure que le commerce africain libre ne
peut pas faire autre chose — sous peine de se ruiner — que ce qu'il
fait depuis cinquante ans à la côte d'Afrique : *la traite côtière.*

Il convient d'ajouter que, vivant au jour le jour, les négociants
coloniaux sont dans l'impossibilité d'éviter à chacune de nos colonies un danger signalé comme grave et pressant : celui de la *monoculture* ; au Sénégal, où l'arachide a donné jadis de beaux bénéfices,
les noirs ne font que cela ; en Guinée, la presque totalité des exportations se compose du caoutchouc qui, payé très cher, par une concurrence aveugle, aux indigènes, les pousse à en récolter de plus grandes
quantités au détriment de l'avenir du pays et des richesses qu'ils
détruisent, « tuant la poule aux œufs d'or ». A la Côte d'Ivoire, les
bois d'acajou sont moins exportés que jadis, parce que, les arbres
proches du rivage de la mer et des rivières flottables ayant été
abattus, on n'exploite pas la forêt plus profondément, faute de
moyens de communications. Quant au Dahomey, on sait que la
presque totalité de son exportation se compose d'amandes et d'huile
de palme. On le voit, le commerce achète ce que chaque pays
produit le plus facilement et les indigènes apportent, dans les comptoirs, ce qu'on leur prend de préférence ; c'est un peu un cercle
vicieux ; en Guinée, jadis, on faisait une assez bonne quantité de
sésames, c'est une culture que les indigènes aujourd'hui délaissent
au profit de la récolte du caoutchouc qui a la préférence des commerçants. Aussi, on peut l'affirmer, en Afrique, ce n'est pas sous le
règne de la liberté économique que l'on combattra le danger de la
monoculture, mais seulement un moyen d'une réglementation appropriée aux besoins de toute nature de chacun de nos groupements
coloniaux. Le danger signalé n'est, d'ailleurs, pas chimérique : l'arachide use rapidement la terre ; que fera-t-on ensuite du sol qui n'est
actuellement cultivé que dans les régions voisines du chemin de fer
et des routes y accédant ? Que deviendra la Guinée, quand, du train
dont y vont les choses, les lianes caoutchoutières auront disparu en
totalité ? Et le Dahomey, qui ne tire sa richesse que des produits
oléagineux, quel sera son avenir si leur baisse en Europe s'accentue ?
L'huile de coton d'Amérique fait, chez nous, depuis quelques années,

un tort considérable à nos huiles d'arachides : on peut se demander
si de nouvelles causes ne viendront pas étendre ce danger à nos
autres produits oléagineux coloniaux. Qu'on ait présent à l'esprit
l'exemple si triste de la Martinique, de la Guadeloupe, de la Réunion,
qui, après avoir connu des périodes de prospérité inouïe, n'ayant pas
modifié leurs conditions économiques et s'étant obstinées à la seule
culture de la canne à sucre, « se débattent aujourd'hui au milieu
d'une crise commerciale et financière grave qui conduit les cultiva-
teurs à une ruine inévitable ». M. Guy ajoute : « La monoculture
doit fatalement amener la ruine d'une colonie, même si elle a assuré,
pendant un temps plus ou moins long, sa prospérité. Qu'une baisse
vienne à se produire, qu'un marché se ferme brusquement, et voilà
une colonie ruinée. »

Le même auteur, examinant le cas de la Guinée, est obligé de
reconnaître que « malheureusement, ce n'est pas du côté de l'agriculture que s'est tournée, jusqu'ici, l'activité économique de la Guinée
française ». La même remarque s'étend forcément à la Côte d'Ivoire
et au Congo.

M. Lorin paraît penser qu'il suffirait de quelques Européens au
Fouta-Djallon pour apprendre aux indigènes à ne plus détruire les
lianes à caoutchouc et à mieux coaguler le latex. Nous ne partageons
pas cet optimisme ; les noirs restent, jusqu'ici, rebelles aux indications qui ne leur ont pas fait défaut. Nous citerons un exemple qui
nous est personnellement connu : une bonne partie du caoutchouc
traité au Rio Nunez (Guinée française) se compose d'une qualité
dénommée *flaque*, qui se vend, en Europe, moitié moins cher, à peu
près, que les autres sortes, parce que la coagulation du latex étant
faite au moyen du mélange, dans des calebasses, du latex et d'eau
salée, la plus grande partie de celle-ci reste en suspension dans la
masse de la gomme où elle forme des pochettes remplies de liquide
qui se décompose et qui exhale une odeur repoussante ; le bas prix
du flaque n'est pas dû seulement à sa très grande humidité, mais
encore à ce phénomène, récemment constaté par l'industrie, qu'il
manque d'une élasticité suffisante, sans doute à cause de sa prépa-
ration défectueuse. Depuis de longues années, on a demandé aux
noirs venant trafiquer à Boké (Rio Nunez) de préparer leur caoutchouc
presque à l'état sec, comme le *Nigger*, par exemple ; cela avait le
double intérêt d'éviter de payer le fret et le droit de sortie sur de
l'eau, en somme. Peine inutile ! On a eu beau dire aux chefs de cara-
vane : « Pourquoi portes-tu de l'eau sur ta tête au lieu de caoutchouc
sec ? On te paie moins cher le caoutchouc mouillé. » Même cet argument, mis ainsi à la portée de l'intelligence nègre, est resté vain, les
indigènes ne voulant rien changer à leur routine et supposant aussi,
sans doute, que, tous comptes faits, ils finissaient par vendre aux

blancs, tout de même, « de l'eau pour du caoutchouc ». Quant à penser, comme quelques personnes ou ignorantes des choses ou, bien qu'au courant, volontairement optimistes, qu'une entente entre comptoirs est possible dans le but de n'acheter que le caoutchouc bien préparé, c'est une pure utopie. Dans les accords de ce genre, ce sont toujours ceux dont le souci est de les observer strictement qui sont les victimes de leur bonne foi ; parmi les concurrents, il y a toujours des agents qui, désireux de montrer un zèle intempestif en l'espèce, spontané ou provoqué par leur maison, ne reculent devant aucun procédé pour atteindre leur but, faisant trop facilement litière des conventions passées. Ce qui précède est un fait d'expérience bien connu de tous les côtiers. Nous croyons donc très peu que les excellents conseils que donne M. Lorin (p. 306, *loc. cit.*) soient suivis dans la pratique : « Il faudra prendre garde, écrit-il, de ne pas solliciter les indigènes à ne récolter que le caoutchouc ; une concurrence déréglée entre traitants *français* (il pourrait ajouter *et étrangers*) a fait monter les prix tandis que la qualité diminuait ». Nous l'avons dit, par ailleurs : le noir continuera à récolter le caoutchouc d'une manière aussi imprévoyante que par le passé, parce que ce produit lui demande peu de mal et lui procure plus de profit que les palmistes, les sésames et les arachides, et il se trouvera toujours plus d'acheteurs pour le caoutchouc que pour les graines, parce qu'il est bien plus facile de se procurer et de transporter celui-là que celles-ci dont le volume est très encombrant pour une faible valeur. Donc, livrés à eux-mêmes et en l'absence de toute réglementation, les indigènes feront peu de culture, dès qu'ils pourront récolter, avec moins de peines et de risques, un produit plus riche ; quant aux négociants, ils resteront de préférence là où ils trouveront à acheter celui-ci, estimant que le temps est trop précieux et trop cher, sous les tropiques surtout, pour le perdre à se faire les éducateurs agricoles des populations indigènes. Concluons donc sur ce point : dans la plus grande partie de l'Afrique occidentale, on n'en est point encore à l'âge de l'agriculture proprement dite, à la culture méthodique des champs par les indigènes, qui n'en sont, eux, qu'à l'âge le plus primitif dans l'ordre de la civilisation, *l'âge de la cueillette* des produits naturels ; ce sont ceux-ci qu'il faut préserver d'une destruction prochaine par la réglementation de leur exploitation ; sous notre direction, l'œuvre s'accomplira ; les salaires payés aux noirs leur procureront une aisance nécessaire et le moyen de satisfaire les besoins qui naîtront, en même temps, au contact des blancs ; si l'aiguillon de l'économie par le travail leur vient, nous aurons la satisfaction profonde de les avoir fait avancer d'un très grand pas dans la voie du progrès ; le reste viendra facilement.

Mais un pareil labeur exige du temps, de la patience, de l'argent et des avantages compensateurs. Il faut donc accorder les avantages dont s'agit à ceux qui entreprendront ce travail de préservation et de progrès.

*
* *

Les résistances des négociants côtiers au régime des concessions ne sont pas nouvelles. M. C. Guy rappelle, à ce propos, que les compagnies de colonisation ont toujours été « très attaquées par les marchands » sous l'ancien régime, tandis que des hommes d'État sérieux, comme Richelieu et Colbert, voyaient en elles le meilleur moyen d'assurer l'exploitation de nos colonies d'alors. Il convient, d'ailleurs, de remarquer (Guy, *loc. cit.*, p. 97) qu'il n'existe aucun rapport entre les compagnies telles que les avait conçues l'ancien régime et les compagnies concessionnaires de nos jours, tant au point de vue de leurs droits que de leurs obligations ; personne, par exemple, ne voudrait, chez nous, des droits régaliens de jadis. A l'objection tirée des échecs nombreux subis par ces anciennes grandes compagnies, on a répondu fort judicieusement (*eod. loc.*) que cet exemple ne pouvait pas porter : « Il existe, aujourd'hui, un élément décisif d'action, de contrôle et de concurrence et, par suite, de succès, qui modifie toutes les conditions d'installation et d'exploitation : la vapeur... ; donc l'assimilation entre les anciennes compagnies et les compagnies modernes est factice et ne mène à rien. C'est, avec des apparences d'antiquité, un outil neuf, moderne et manié par des hommes nouveaux. » Invoquerait-on aussi que certaines entreprises de concessions, fort rares du reste et plus récentes, ont peu réussi, bien que ne remontant pas à plus de 10 ou 12 années? Nous ne nommerons personne ; mais ceux qui sont renseignés n'ignorent pas que ces légers insuccès sont dus à des causes étrangères au système des concessions en lui-même ; il n'y a pas de doute possible à cet égard.

*
* *

Bien que, dans notre droit public, il soit constant que la puissance souveraine, l'État, a le droit certain de disposer à sa guise, dans l'intérêt général, des terres qui lui appartiennent par droit de conquête, par suite de conventions diplomatiques, etc., les adversaires contemporains du régime des concessions territoriales, — s'ingéniant à multiplier les arguments pour embrouiller une question si simple en elle-même, pourvu que l'on veuille bien ne l'envisager, de part et d'autre, que d'une manière impartiale et équitable, — ont parlé des droits des indigènes qui seraient lésés, de ceux des commerçants qui seraient compromis, des intérêts financiers de la colonie qui se trouveraient sacrifiés, etc., etc. Tout cela a été soutenu longuement devant la Commission des concessions, au cours de son enquête, et, cependant, elle ne s'y est pas arrêtée. Nous pourrions donc nous en référer à son avis motivé et nous abstenir de plus longues explications à ce sujet. Nous ne croyons pas devoir le faire ; la question est trop grave, à notre sens, pour que, après avoir démontré que le commerce côtier africain n'a pas rendu ce qu'on attendait de lui, après nous être énergiquement prononcé en faveur d'un changement de système et d'une réglementation appropriée aux besoins de chacune de nos colonies de l'Afrique occidentale, après avoir indiqué que, d'accord avec un grand nombre de corps élus et d'autorités diverses du Parlement et de l'Université, le régime des concessions territoriales nous semblait, en principe, ce qu'on avait trouvé de mieux, jusqu'ici, pour solutionner le problème de la pénétration et de la mise en valeur rationnelle de notre domaine ouest-africain, nous ne considérions pas comme un devoir d'impartialité de présenter un résumé des principaux arguments qui ont été donnés et des réponses qui y ont été faites[1].

1° *Droits des indigènes.*

On a invoqué les droits que posséderaient les indigènes sur la généralité des territoires de l'Afrique occidentale. On a rappelé que nous étions liés envers certains chefs par des conventions de *protectorat* et non pas d'annexions. On a allégué que, au Soudan, la population indigène se livrait au commerce, que les caravanes y étaient régulières et que le commerce français y était représenté par quelques établissements. On a ajouté, enfin, qu'on ne saurait pas justifier des concessions accordées à proximité de la côte, parce que cela aurait pour résultat de mettre entre les mains des bénéficiaires les voies de communication, en leur constituant une sorte de monople.

Les Décrets du 30 août 1900 ont tranché la question de la propriété des terres au Sénégal, à la Côte d'Ivoire et au Dahomey, agrandis, comme on le sait, ainsi que le Guinée, des immenses territoires de l'ancien Soudan français. Là, pas de doute possible. La France était au Soudan par droit de conquête ; les terres lui appartenaient certainement ; comme à la Côte d'Ivoire et au Dahomey, l'État peut y affirmer « son droit absolu sur les terres domaniales ». En Guinée, s'il y a eu des traités de protectorat, il faut reconnaître que l'Administration locale en a singulièrement modifié l'esprit, pour ne pas dire plus, quand, afin d'arrondir son budget, elle a, en 1898, établi l'impôt de capitation qu'elle *force* — en dehors des traités — les in-

---

digènes à lui payer. La mesure semble avoir été heureuse. Mais était-ce là de la *protection*, ou de l'arbitraire permis seulement à la nation conquérante et maîtresse d'imposer sa volonté à ses sujets? Au surplus, pour ses travaux publics, routes et chemins de fer, est-ce que le gouverneur de Conakry a négocié avec les chefs la cession des terres à occuper?

D'ailleurs, il faudrait bien s'entendre; nous ne pensons pas qu'il soit jamais entré dans l'esprit des concessionnaires sérieux de dépouiller les indigènes des droits qu'ils peuvent avoir; ils ont trop d'intérêt, dans ces pays à rare main-d'œuvre, à se les concilier comme auxiliaires et comme clients.

Il y aurait beaucoup à dire sur la régularité des courants commerciaux du Soudan et sur la présence en ce pays de « quelques comptoirs français ». Peut-on raisonnablement soutenir qu'une demi-douzaine de chétives factoreries en pisé, établies seulement dans la partie la plus proche du Sénégal et de la Guinée, suffisent pour que l'on puisse dire qu'elles occupent des territoires plus vastes que la France? C'est bien le cas de dire que qui veut trop prouver ne prouve rien. Cette réflexion s'applique, d'elle-même, à la crainte que l'on a émise de voir maîtres des voies de communication les bénéficiaires de concessions près de la côte; on peut, en passant, faire remarquer que si, jusqu'ici, le commerce libre n'a pas favorisé ces voies de pénétration, c'est qu'il a redouté les dépenses auxquelles celles-ci l'exposeraient et qu'il a préféré (il ne s'en cache pas d'ailleurs), depuis de longues années, rester sur le rivage de l'Océan et attendre que les indigènes lui viennent y apporter leurs produits. « Inutile de nous gêner, les noirs travaillent pour nous. » Oui, en détruisant inconsciemment les richesses du pays. Mais il y a quelque chose de mieux que tous les raisonnements : ce sont les textes des Décrets et cahiers des charges qui incorporent au domaine public les routes, les cours d'eau et leurs rives et y édictent la libre circulation pour tout le monde. On peut donc être sans crainte, les concessionnaires ne pourront jamais « couper les voies de communication ». Que déduire, alors, de ce qui précède? M. C. Guy l'a fort bien résumé (*loc. cit.*, p. 114) lui-même, en quelques mots. On pourra s'y reporter.

Donc, *en droit*, la question est tranchée. A ceux qui soutenaient que les droits des indigènes s'étendaient sur tout le pays, on a répondu, à bon escient, que, en sus de nos droits de conquérants, l'exploitation par les noirs était irrégulière et capricieuse et que, dans ces conditions, « l'exploitation *errante* et non méthodique du caoutchouc, par exemple, ne pouvait créer à leur profit une sorte de *droit de parcours*; que là où il n'y a pas OCCUPATION, il ne peut y avoir PROPRIÉTÉ ». Ce sont les principes qui ont prévalu et, depuis le Décret du 30 août 1900, la question est tranchée. *En fait,* la propriété du sol de leurs villages, la libre disposition de leurs cultures, la faculté de recueillir, sans abus, les produits spontanés, ne seront pas contestées aux indigènes. Personne ne songera, chez nous, à les exproprier, comme cela se fait assez brutalement dans les colonies anglaises. Il suffira de créer, autour des centres indigènes, des réserves assez larges pour qu'ils puissent s'y procurer les ressources dont ils auront besoin ; tout cela est prévu par les cahiers des charges. Au moins, à l'aide de cette sage réglementation, il n'y aura plus de grandes étendues de terres vagues ; l'ordre remplacera le chaos, comme le firent, il y a deux mille ans, les lieutenants de Jules César lors de la conquête des Gaules.

Et puis, est-ce que l'intérêt bien compris des concessionnaires ne sera pas, comme nous l'avons indiqué, de se concilier les indigènes, leurs auxiliaires rétribués d'aujourd'hui, leurs clients de demain, afin d'en attirer d'autres de plus en plus nombreux ? Ne représentent-ils pas un facteur indispensable à toute entreprise de ce genre : la main-d'œuvre ? Donc, la préoccupation principale des concessionnaires sera de les bien traiter, afin qu'ils n'émigrent pas, soit en dehors des zones concédées, soit même hors de nos frontières. Les indigènes apprendront, par l'exemple, à tirer un meilleur parti des produits du sol ; le développement de la richesse se fera de lui-même ; un important mouvement d'échanges se créera partout ; pour relier les différents centres d'exploitation, les routes s'étendront graduellement ; l'accroissement certain des importations et exportations de la colonie s'ensuivra nécessairement pour le plus grand profit de ses ressources financières. Mais, pour faire ces grands travaux, il faut d'importants capitaux et ceux-ci, consacrés pendant les premières années aux voies de communication, ne pourront trouver leur rémunération légitime que dans l'exploitation paisible et rationnelle des produits naturels.

Dans la pratique, il sera utile de payer aux chefs des redevances qui seront minimes en elles-mêmes ; comme ce qui importe, c'est la sécurité de demain, les concessionnaires avisés le feront d'eux-mêmes. Mais rien n'empêcherait, afin d'éviter tout conflit avec les indigènes, d'inscrire aux cahiers des charges une clause imposant éventuellement aux concessionnaires l'obligation de passer avec eux des baux emphytéotiques, dont le loyer représenterait les légers services qu'ils s'engageraient à rendre aux locataires : fournitures de vivres, de main-d'œuvre, etc., contre paiement, bien entendu [1].

---

[1] En Guinée française, pays dit de protectorat, et dans lequel, d'après l'Administration elle-même, les traités (!!!) garantissent aux indigènes la propriété du sol, quand ils veulent en disposer, elle s'y oppose, les considérant comme d'*éternels mineurs !* Peut-on imaginer une situation plus misérable ! L'esclave peut ra-

2° Droits des commmerçants.

Au cours de l'enquête à laquelle s'est livrée la Commission des concessions, un certain nombre de négociants de Bordeaux et de Marseille, possédant des établissements à la côte occidentale d'Afrique, ont présenté verbalement (déposition Philippart, le 29 mai 1900, reproduite dans la *Revue Commerciale et Coloniale de Bordeaux*, n°ˢ du 17 et 24 août 1900) ou par écrit (rapport Bohn, Imprimerie Marseillaise, 1900, 39, rue de Sainte) un certain nombre d'observations que nous essaierons de résumer, afin de mettre en lumière les motifs de leur opposition au régime des concessions. D'après eux, en Afrique occidentale, ce régime aurait pour conséquence de les dépouiller, plus ou moins directement, d'affaires sur lesquelles ils étaient en droit de compter, la sphère d'influence de leur négoce s'étendant très loin de la côte au moyen de la traite avec les caravanes qui leur apportent les produits de l'hinterland et y ramenant les marchandises qu'ils leur vendent en échange ; en pareille circonstance, il est indispensable de sortir des généralités. Tout d'abord il paraît surprenant que des gens qui se réclament de la liberté émettent la prétention de puiser dans l'exercice de celle-ci *le droit de compter sur les affaires*, que de nouveaux concurrents pourraient, en somme, venir leur enlever le lendemain, sans qu'ils n'aient rien à dire. Donc passons sur ce *monopole de liberté* réservé à quelques-uns et dont ils sont si sûrs, auquel ils sont si bien habitués, comme on l'a fait observer, qu'ils s'en réclament, malgré eux, en quelque sorte. Mais précisons. De quels principaux produits se compose le commerce d'échange de l'Afrique occidentale ? Des arachides, des palmistes, de l'huile de palme, de l'acajou, et enfin du caoutchouc sur lequel nous reviendrons tout à l'heure ; les graines, l'huile et l'acajou sont ce qu'on appelle des produits pauvres et encombrants : la récolte et le commerce n'en est donc possible que près de la côte et dans la partie maritime, donc navigable, des rivières ; les affaires auxquelles ils donnent lieu sont nécessairement localisées près de l'Océan ; les caravanes venant de l'intérieur ne s'en occupent pas, n'apportant guère, en somme, que du caoutchouc. Ici, une remarque s'impose ; on sait que, par suite de la libre et inintelligente exploitation par les indigènes de ce produit (exploitation qui ne remonte cependant pas à plus de sept ou huit ans), les plantes qui le sécrètent ont disparu totalement des régions voisines de la côte et, qu'en Guinée notamment, il faut aller à plus de vingt jours de marche pour rencontrer des lianes, qui continuent à disparaître de jour en jour. Le com-

---

cheter sa liberté ; le noir de Guinée n'a et n'aura jamais le droit de réaliser librement ce qui lui appartient. C'est la terre asservie. L'éminent Dʳ Ballay n'aurait jamais soutenu cette thèse, s'il avait voulu en peser les conséquences en dehors de ce qu'il considérait comme les besoins du moment.

merce côtier a vécu, au détriment de la principale richesse du pays, de son exploitation inconsciente et maladroite par les noirs. Il est à souhaiter que, dans un avenir très prochain, il n'ait pas à le regretter cruellement. Quoi qu'il en soit, comme, dans l'Afrique occidentale, ce ne sont pas les gens des villages, eux-mêmes, qui viennent apporter leur caoutchouc à la côte, soit par timidité, soit par crainte d'être dépouillés en leur absence par des voisins trop peu scrupuleux, les affaires se font par des caravanes de marchands-colporteurs (*dioulas*, dans le langage local) qui parcourent d'immenses espaces pour leurs opérations de commerce. Ils étaient les plus sûrs pourvoyeurs d'armes des Hadj-el-Omar, des Ahmadou, des Samory, qui leur vendirent, en échange, des troupeaux de chair humaine qu'ils emmenèrent en esclavage après avoir tout brûlé et saccagé.

Aujourd'hui que la *traite du bois d'ébène* ne donne plus, les *dioulas* se sont jetés sur le commerce du caoutchouc qu'ils ont vu les blancs s'arracher, à la côte, à prix d'argent; ils ont poussé les villages de l'intérieur à leur en faire de plus en plus; mais cette exploitation hâtive ayant amené la disparition des lianes des régions les premières exploitées, les *dioulas* se sont progressivement portés en avant dans l'hinterland: c'est dans ce sens que l'on peut dire que, actuellement, le caoutchouc provenant de l'arrière-pays, celui-ci rentre dans la sphère d'influence commerciale des négociants côtiers. Sphère d'influence, en tout cas, néfaste et destructive! D'une manière générale, cependant, les négociants côtiers ne devraient pas soutenir qu'il y a là pour eux une clientèle suivie, attendu que le même *dioula* reste parfois plusieurs années avant de revenir au même point de traite sur la côte, allant de la Côte d'Or au Sénégal et en Gambie, de la Guinée portugaise et de Conakay aux régions les plus éloignées vers l'extrémité orientale de la Boucle du Niger, échangeant successivement esclaves contre sel, sel contre ivoire, poudre d'or, cauris, manilles et caoutchouc qui est le produit final. Mais il est une autre considération qu'il importe d'indiquer; un simple coup d'œil sur la carte teintée de l'Ouest-Africain apprend que nos possessions du Sénégal, du Soudan, de la Guinée, de la Côte d'Ivoire et du Dahomey subissent les enclaves de la Gambie (ANGL.), de la Guinée portugaise, de Sierra-Leone (ANGL.), de Libéria, de la Côte d'Or (ANGL.), du Togoland (ALL.) et du Lagos (ANGL.). Que se passe-t-il pour ces colonies étrangères, si l'on doit tenir pour exacte la thèse de nos négociants côtiers? C'est qu'elles drainent une bonne partie des produits qui viennent de chez nous; leur mouvement d'affaires étant infiniment supérieur au nôtre, on peut dire qu'il se trouve entretenu par celles de nos possessions qui constituent leur hinterland. Les noirs vont au plus près, pour faire leur trafic avec les blancs : peu leur importe de passer du territoire français sur celui d'une nation étrangère?

Est-ce que la plupart d'entre eux peuvent même le savoir ? Or, comme les produits riches ne viennent plus que de l'arrière-pays qui, dans l'espèce, est français, ce sont, en réalité, nos produits qui alimentent presque exclusivement le commerce de nos voisins étrangers. Voilà ce que donne le régime de liberté économique dont on réclame le maintien : on sert les intérêts étrangers, peut-être sans bien s'en rendre compte. Aussi, avec des concessions judicieusement faites, ce danger disparaîtrait ; leurs titulaires seraient amenés, dans leur propre intérêt, à prendre des mesures de protection contre l'exode des produits par les colonies voisines. On peut donc dire que cette partie de notre domaine colonial, qu'aucune maison française n'utilise actuellement, gagnerait grandement à être organisée au moyen d'un établissement rationnel de concessions qui constitueraient, à l'encontre des colonies étrangères, une large zone défensive pour nos intérêts économiques. Ces mesures protectrices seraient d'autant plus nécessaires qu'il est de notoriété que nos voisins les Anglais ont fait et font de grands efforts pour attirer chez eux les indigènes de nos territoires et leurs caravanes. « Ils appellent à eux les produits naturels par des moyens souvent propres à tuer chez nous la source de ces richesses..... Plus actifs, plus soutenus que les nôtres, les gouvernements de ces colonies s'efforcent de tracer, à grands frais, des voies de pénétration pour arriver à drainer rapidement à leur profit les produits de nos régions. » Nous sommes déjà bien en retard, à ce point de vue là aussi ! Cette « course au clocher » ne sera arrêtée qu'au moyen de la création de la ceinture de concessions protectrice que nous préconisons.

« C'est à tort, ajoute-t-on, que l'on prétend que les négociants côtiers ne sont pas intéressants, parce que, exerçant un monopole de fait jalousement maintenu, ils n'ont jamais rien tenté pour pénétrer dans l'intérieur ; parce qu'ils demeurent indifférents à l'avenir de la colonie et au bien-être physique et moral des indigènes qu'ils intoxiquent par l'alcool ; parce qu'ils ne pensent qu'à jouir hâtivement des ressources temporaires qu'offre l'exploitation intensive de certains produits du sol. » Nous avouons ne pas comprendre ce langage, alors qu'il est notoire que les grandes maisons n'ont jamais fait aucune dépense sérieuse pour pénétrer dans l'intérieur, alors que le chef de l'une d'elles avoue que « le commerce s'est montré parfois hésitant et impuissant », alors que M. Bohn, lui-même, chef d'une des maisons les plus opposées aux concessions, écrit :

« Le commerce d'échange n'a pu, jusqu'à présent, se développer qu'*à une très faible distance du littoral* et le long de quelques cours d'eau, dont la plupart, à l'exception du Sénégal, ne peuvent être remontés au delà de 50 à 100 kilomètres de leur embouchure... *Aussi longtemps que de grands changements ne seront pas apportés à la situation actuelle*, on ne peut pas raisonnablement compter sur une progression sensible dans le mouvement commercial de nos colonies africaines ; et leurs richesses naturelles continueront à n'être exploitées que dans une proportion relativement bien faible. Nos nouvelles possessions de la Boucle du Niger feront bonne figure sur nos cartes, probablement aussi dans le budget de la métropole ; mais elles seront à peu près sans valeur au point de vue économique [1]. » Pourquoi alors s'opposer à ce que des concessionnaires s'efforcent d'en tirer parti ? « Ils ne pourront pas faire autrement ni mieux que nous, répond-on. Les difficultés qu'ils rencontreront pour les communications seront les mêmes ; ou bien ils dépenseront en pure perte l'argent des actionnaires, ou bien, pour donner d'immédiats dividendes, ils épuiseront le pays, comme le font malheureusement les indigènes que l'on pourra finir sans doute par convaincre d'être plus prudents dans leur manière de recueillir les produits naturels. » On pourrait répliquer que ce n'est pas parce qu'il est ennuyeux de changer des procédés de travail, lucratifs pour le présent, mais ruineux pour l'avenir, qu'on doive se croire autorisé à décréter qu'on a atteint la perfection et que le mieux est impossible à tenter, fût-ce au détriment des intérêts même des concessionnaires dont on semble prendre un souci exagéré. Au surplus, s'ils se trompent, tant pis pour eux ; quant aux actionnaires, qu'on nous permette de faire observer qu'ils n'ont pas besoin, sous notre régime démocratique, d'une tutelle incessante — qui ne serait de mise que dans un pays à traditions monarchiques — et qu'ils sont assez grands pour défendre leur argent ; les entreprises coloniales, quelles qu'elles soient, sont encore trop peu connues du grand public, qui les taxe d'aléatoires, pour qu'on ait la crainte de voir s'y intéresser de modestes ouvriers illettrés ou non renseignés ; les hommes qui donnent cet emploi à leurs capitaux savent ce qu'ils font et où ils vont ; ils n'ignorent pas que, à côté des risques qu'ils courent, ils ont des chances de succès ; ce sont, en un mot, des gens bien au fait des affaires. Que les pouvoirs publics protègent les gros sous, rien de mieux ; quant aux louis d'or, ils savent bien se défendre seuls. Est-il besoin, maintenant, de faire remarquer que, à l'encontre de ce que l'on a prétendu, le pays sera moins épuisé par les concessionnaires que par les indigènes ? Les prescriptions sévères du cahier des charges, le cautionnement comme sanction, la surveillance administrative sur des entreprises à gros capitaux ayant leur siège social en France, présentent à l'État des garanties effectives que n'offrent pas tous les noirs ensemble

---

[1] *Le Développement économique de nos colonies de l'Afrique occidentale*, par F. Bohn ; Communication à la Société de Géographie de Marseille (23 septembre 1898). Brochure : au siège de la Société, 21, rue Montgrand.

d'une colonie. Quant à espérer que ceux-ci finiront par suivre docilement les avis des autorités locales — lointaines presque toujours, qu'on ne l'oublie pas — en vue de la conservation des richesses forestières, c'est d'un optimisme de circonstance qui se dément de lui-même, quand on est forcé de reconnaître que « les indigènes sont difficiles à conduire et à conseiller, même quand leurs intérêts primordiaux sont en jeu ; qu'ils se livrent à une exploitation irréfléchie des richesses de leur sol ; qu'ils se montrent peu soucieux de l'avenir et tuent inconsciemment la poule aux œufs d'or » (Bohn, *loc. cit.*).

En résumé, l'on peut conclure : 1° que le commerce n'a pas pénétré dans l'hinterland, parce que son intérêt ne l'y poussait pas, au contraire, *les noirs travaillent pour lui ;* 2° que les caravanes ne constituent pas le lien commercial dont on a parlé entre la côte et l'hinterland, parce que les mouvements de ces caravanes sont tellement irréguliers et capricieux, allant tantôt ici, tantôt là, dans les enclaves étrangères voisines comme dans nos propres possessions, avec une égale indifférence, se dirigeant où elles pensent trouver les meilleurs avantages, qu'elles ne composent pas ce qu'on appellerait, en Europe, une clientèle attitrée ; 3° que les « nombreuses maisons établies » à Kouroussa, Siguiri et Bammako sont de modestes huttes avec une pacotille plus modeste encore, d'une infime importance, à comparer avec les immenses territoires de notre Soudan, et qu'elles sont, de plus, à une exception près, la possession de nouveaux négociants qui, en fait, sont en divergence absolue d'opinion avec les négociants côtiers qui, dès lors, ne peuvent soutenir, sans faire sourire ceux qui connaissent le pays, qu'ils ont déjà pris possession effective de ces régions [1].

3° *Intérêts financiers des colonies.*

On a semblé craindre que l'application à diverses parties de notre Afrique occidentale du régime des concessions territoriales n'ait pour résultat d'arrêter l'essor des affaires et, par suite de la diminution des importations et des exportations, d'amener une dépression dans le produit des taxes ; on a expliqué que les indigènes, qui ne voudront pas accepter le salaire minime que leur offriront leurs nouveaux maîtres, seront mis en interdit par eux, ou, tout au moins, dans l'obligation de leur acheter et payer les marchandises au prix qu'ils

---

[1] Un important Comité de commerçants et d'industriels français, le *Comité républicain du Commerce et de l'Industrie,* comptant plus de mille adhérents, s'est exprimé ainsi dans un rapport adressé à M. le Ministre du Commerce sur la nécessité de la mise en valeur des colonies africaines de la France : « Les vieilles et puissantes maisons de Bordeaux et de Marseille, établies en Afrique, se réclament de prétendus droits qui ont infiniment moins d'importance qu'elles le disent et qui, dans tous les cas, ne sauraient équitablement produire, à aucun titre, les conséquences étendues qu'elles indiquent. »

voudront les vendre : ce qui, affectant leurs facultés d'achat, nuira au commerce général de la colonie. Cette argumentation dénote une méconnaissance absolue de la question. On n'ignore pas avec quelle facilité les noirs se déplacent, eux et leurs villages, émigrant parfois fort loin ; si donc les concessionnaires commettaient la grave imprudence de ne pas les bien traiter, ils partiraient rapidement et priveraient « leurs nouveaux maîtres » d'une main-d'œuvre indispensable à la réussite de leur entreprise ; de même que si ces derniers ne leur offraient qu'un maigre prix de leurs produits, ils ne manqueraient pas de faire huit et quinze jours de marche, afin de les écouler ailleurs plus avantageusement. Le cahier des charges *forçant* les concessionnaires à exploiter, leur intérêt sera de payer la main-d'œuvre d'autant mieux qu'elle sera plus rare ; et s'ils sont obligés de l'importer, le mouvement commercial du pays en profitera. Au surplus, si l'on maintient la participation de l'État, à raison de 15 % dans les bénéfices de l'entreprise, les autorités locales auront le droit et le devoir, non seulement de les aider dans leur œuvre de mise en valeur, mais au besoin de les contraindre à ne pas s'endormir dans une inaction qui priverait la colonie de profits sur lesquels elle était en droit de compter. Enfin, comme nous avons vu que le commerce de l'huile et des graines oléagineuses ne serait pas affecté et que celui du caoutchouc ne pourrait que s'accroître par une exploitation rationnelle — le tout laissant aux négociants côtiers les zones où ils sont actuellement établis d'une façon sérieuse — la colonie ne pourra que retirer de larges bénéfices de l'afflux de nouvelles initiatives et d'importants apitaux [1].

4° Opposition des autorités locales.

Nous n'ignorons pas que l'honorable gouverneur Ballay, quand il était à la tête de la Guinée française, jugeait pour sa colonie le régime des concessions inutile et dangereux. Cette opinion était aisément explicable, émanant d'un homme qui, n'ignorant pas que la Guinée proprement dite était appauvrie en lianes caoutchoutières, avait le désir de voir continuer le caoutchouc de l'arrière-pays venir alimenter Conakry. M. Ballot, alors gouverneur du Dahomey, estimait que, eu égard à la densité de la population et de la position spéciale de cette colonie au point de vue géographique, il ne convenait de recourir au système des concessions que pour la mise en valeur du Haut-Dahomey. Mais, à côté de ces deux opinions, il faut rappeler que, pour le Soudan dont le mérite de l'organisation administrative revient au général de Trentinian, les idées de ce dernier, au point de vue de l'exploitation écono-

---

[1] Les dernières statistiques de notre douane congolaise indiquent que, pour les trois premiers trimestres de 1900, le commerce général a presque doublé sur la période correspondante de 1899.

mique de cette immense région, étaient absolument différentes; il se déclarait partisan convaincu des concessions, tant pour assurer la conservation des richesses du pays que pour accélérer sa mise en valeur progressive au moyen, notamment, de travaux publics qui seraient imposés aux concessionnaires. Puisque nous examinons la manière de voir des divers gouverneurs locaux, nous devons mentionner spécialement celle de M. Roberdeau, gouverneur de la Côte d'Ivoire, lequel, questionné par le département des Colonies, après s'être entouré des lumières d'une commission locale, a indiqué à la fois la zone de sa colonie où l'on devrait, en vue d'une pénétration plus rapide et d'une mise en valeur plus assurée, donner des concessions et quel lotissement pouvait, suivant lui, en être fait. Voilà, ramenée à ses exactes proportions, ce qu'il faut penser de l'*opposition des gouverneurs locaux*, autour de laquelle on a fait tant de bruit. D'ailleurs, s'il fallait démontrer que M. Ballay s'est trompé, de bonne foi, sur la meilleure méthode à employer pour assurer un long avenir de prospérité à sa colonie de la Guinée, nous pourrions développer et commenter ces deux faits : a) le fléchissement très accentué de la quantité des produits exportés par les Rivières [1], lesquelles ont été, les premières, exploitées par le commerce côtier : or on sait que le caoutchouc venant des Rivières, du Rio Nunez particulièrement, n'est pas de même nature que celui qui se traite à Conakry; à cet égard donc ce n'est pas la concurrence de cette place qui a nui, le plus, au trafic ancien des Rivières, mais bien l'appauvrissement du pays laissé à l'imprévoyante exploitation des indigènes; b) la qualité, de plus en plus mauvaise, du caoutchouc provenant de Conakry démontre surabondamment la maladresse et la stupidité des indigènes dans l'exploitation intensive des lianes qu'ils détruisent jusqu'à la racine, au lieu de les inciser modérément. Nous ne ferons qu'une allusion discrète aux mauvaises nouvelles qui arrivent de Conakry; ça ne serait plus seulement la qualité qui ferait défaut, mais encore la quantité. Les prévisions que nous avions émises il y a un an, taxées de pessimistes, se réaliseraient-elles déjà? Le fait se produit si tôt que nous voudrions sincèrement nous être trompé. Nous souhaitons seulement qu'on n'essaie pas d'y remédier par des moyens factices.

A considérer les choses de plus haut et dans leur ensemble, on pouvait, il y a quelques années et sauf de rares exceptions, ne se fier que modérément aux objections que faisaient aux idées de l'Administration centrale les pouvoirs locaux. Quel est celui, ayant voyagé en Afrique, qui n'a pas entendu ce langage : « Nous n'avons pas besoin que Paris (lisez le *Pouvoir Central*) se mêle de nos affaires »?

---

[1] V. *Guinée française*, p. 201.

C'est, sans doute, cette impression qui a amené M. Pauliat (*loc. cit.*) à dire que, à l'indifférence dont font preuve presque tous les fonctionnaires coloniaux, il semblerait que cette question de colonisation et de mise en valeur est, à leurs yeux, une chose d'ordre inférieur et très accessoire dont ils n'ont pas à se soucier. » Nous n'ignorons pas que de réels progrès ont eu lieu à cet égard ; mais la tâche qui reste à accomplir est immense et on ne doit pas repousser les initiatives et les capitaux qui viennent s'offrir à collaborer à l'œuvre commune. Nous ferons, d'ailleurs, remarquer que, loin de paralyser l'initiative individuelle, comme on l'a prétendu, les grandes concessions, telles qu'on doit les comprendre, viendront, au contraire, en aide aux colons isolés disposant de capitaux restreints et qui, moyennant une légère redevance, bénéficieront des facilités créées par les sociétés, et qu'eux-mêmes n'auraient pas pu entreprendre ; ils jouiront des centres de ravitaillement établis par elles et trouveront, ainsi, toutes les commodités voulues pour des cultures riches qui exigent des soins constants et une surveillance toujours en éveil, seule capable, par conséquent, de tirer la plus grande somme possible de profits d'une exploitation restreinte, mais proportionnée aux forces d'un homme.

5° *Personnalité des concessionnaires.*

C'est là une matière extrêmement délicate et sur laquelle nous n'insisterons pas, comme l'ont fait à tort, suivant nous, certains adversaires du régime des concessions ; nous estimons, en effet, que le rôle de la Commission des concessions créée par M. Trouillot, le 19 juillet 1898, comporte, avant toutes choses, l'examen des garanties morales et techniques, en un mot, des mérites individuels. C'est donc, à notre sens, sans raison qu'on a formulé des craintes en des termes [1] qui peuvent se résumer ainsi : la presque totalité des demandeurs de concessions sont étrangers aux affaires coloniales ; ils ignorent la situation exacte du pays, le caractère des habitants, les impossibilités d'accès ; on peut craindre que, au lieu de faire œuvre sérieuse, ils ne cherchent qu'à tenter des spéculations aléatoires. « Cette impression n'est-elle pas justifiée, dans une certaine mesure, quand on voit les actions de certaines sociétés à concessions coloniales faire prime avant même que les agents de ces sociétés, chargés d'en faire la reconnaissance, aient quitté Paris ? » Pour spécieux qu'il soit, cet argument de moralité porte mal : on sait, en effet, que les actions ou parts attribuées aux concessionnaires ne sont pas négociables tant que, pendant deux années consécutives, il n'y a pas eu de distribution de dividendes ; c'est là une disposition empreinte d'une haute sagesse

---

[1] Lettre de M. Chailley-Bert à M. Cotelle sur le régime des concessions à la Côte occidentale d'Afrique (*V. Quinzaine Coloniale*, 25 mars 1900).

et qui devrait être de nature à rassurer la conscience la plus scrupuleuse, la plus timorée. Mais, qu'on ne l'oublie pas, à côté de ces actions d'apport, sans valeur déterminée et provisoirement non négociables, il y a des actions souscrites en numéraire par les capitalistes voulant faire un placement d'un caractère nouveau ; contestera-t-on à ceux-là, qui ont versé leur argent pour la libération totale ou partielle de leurs titres, le droit de les vendre quand bon leur semblera, s'ils trouvent des preneurs? Dira-t-on de ces derniers, s'ils les paient à un prix élevé, qu'ils sont des dupes ou des insensés? Et pour ce motif, jettera-t-on un discrédit moral sur tout ce genre d'entreprises? A une époque, comme la nôtre, de civilisation, de lumière, d'instruction, de progrès, cela est tout à fait déraisonnable; les capitalistes doivent savoir et savent parfaitement ce qu'ils font, quand ils s'intéressent à des placements coloniaux. Certaines personnes disent ne voir, en matière de concessions territoriales, que des questions d'espèce; cela signifie que le Ministre consentira à donner une concession à telle ou telle individualité pour des raisons spéciales, comme des mérites techniques. Or, c'est précisément pour éviter au Ministre d'être taxé de favoritisme que M. Trouillot eut la très heureuse idée de créer la Commission des concessions coloniales. Donc, quand une colonie a proposé — ainsi que l'a fait la Côte d'Ivoire — à l'Administration centrale de mettre en valeur une partie de son territoire au moyen du régime des concessions, il nous semble infiniment plus pratique que le Ministre remette les dossiers des candidats à la Commission des concessions, dont les choix — suivant le but du décret qui l'a instituée — ne sauraient pas être suspectés.

6° *Provenances des capitaux.*

Les adversaires du régime des concessions ont insinué, ils ont même feint d'être émus qu'une partie des capitaux de nos sociétés congolaises soit d'origine belge. Il faut avouer que, à notre époque, cette préoccupation est pour le moins bizarre et ne semble s'être fait jour que dans l'intérêt d'une cause pour la défense de laquelle on a recouru à tous les arguments. Beaucoup de bons esprits ont pensé que les placements internationaux constituaient l'une des meilleures garanties de la paix générale, à cause du mélange intime des intérêts de nation à nation. La France n'a-t-elle pas placé des sommes considérables dans l'Amérique du Sud, en Portugal, en Espagne et en Italie, avant que son épargne ne souscrive les emprunts russes à concurrence de plus de 7 milliards? Nul n'ignore que plusieurs de nos entreprises industrielles métropolitaines, qui font vivre des milliers d'ouvriers, sont la propriété de capitalistes.étrangers, à défaut de Français ayant voulu s'y intéresser; de même, la plupart des mines du nord de l'Espagne sont entre nos.

mains ou dans celles d'industriels et de financiers allemands, belges et anglais. L'épargne française ne s'intéressant encore que médiocrement aux affaires coloniales, on devrait se réjouir, chez nous, que la mise en valeur de nos nouvelles colonies d'Afrique puisse être commencée même à l'aide de capitaux belges. S'il y a des échecs, nos compatriotes y perdront peu ; si la réussite s'affirme, au contraire, dans quelques années, la civilisation de régions restées jusqu'ici abandonnées à elles-mêmes aura fait un grand pas en avant ; le succès appellera notre épargne à sortir de sa timidité habituelle pour le plus grand profit de tout le monde : industrie de la métropole, situation financière des colonies, etc. Car celles-ci n'ont rien à perdre et tout à gagner, au contraire, de la présence, sur leurs territoires, de sociétés concessionnaires pour les mettre en valeur.

Leurs cahiers des charges leur imposent des obligations strictes et prévoient de nombreux cas de déchéance ; elles sont, en somme, sous la surveillance permanente de l'Etat qui a la haute main sur tout ce qui concerne leur formation et leur fonctionnement : donc, pas d'abus à craindre qui ne puissent être immédiatement réprimés d'une manière efficace. Nous estimons, quant à nous, que, dans l'intérêt commun, cette réglementation est préférable à la liberté illimitée que nous laissons, dans nos jeunes colonies, aux comptoirs étrangers qui pullulent partout, faisant une concurrence désastreuse, souvent mortelle, à nos propres maisons, ne s'occupant pas de l'avenir du pays, qu'elles ruinent par les effets de cette concurrence effrénée, vivant, en un mot, chez nous, à notre propre détriment, pour le plus grand dommage de notre industrie métropolitaine. On voit donc que cette pleine liberté commerciale, laissée aux étrangers dans nos colonies, n'est pas sans dangers pour nous ; mais, qui plus est, les trafiquants anglais, quand, pour une cause quelconque, leurs affaires ne vont plus, ne se privent pas de chercher un prétexte, si mauvais soit-il, pour essayer de se faire indemniser par voie diplomatique. On conçoit que, dans ces conditions, nous préférions une réglementation appropriée aux besoins de chaque colonie à une liberté qui n'est, pour nous, qu'une duperie. Au surplus, si, dans les sociétés congolaises, une partie du capital vient de la Belgique, les sociétés sont bien françaises, avec siège social en France et conseil d'administration composé de citoyens français dans la proportion des trois quarts de leurs membres. Il n'y a donc aucune crainte à avoir.

7° *L'expérience du Congo doit faire ses preuves.*

On a dit que, si l'expérience des concessions était intéressante à tenter au Congo, c'est qu'on se trouvait en présence d'un pays « neuf, inexploré, sans mouvement commercial » et renfermant « des populations sauvages, n'exploitant qu'une infime portion du sol et en ignorant les ressources ». Et on a ajouté que la situation était absolument différente pour *toutes* les parties de nos autres colonies de l'Afrique occidentale : Dahomey, Côte d'Ivoire, Soudan et Guinée. On a même fait remarquer que des demandes de concessions, dans ces dernières colonies, émanaient de personnes qui, « tard venues dans leurs sollicitations pour le Congo », avaient l'intention d'obtenir des compensations. Sur ce dernier point, nous marchons parfaitement d'accord : quand on demande une concession dans un pays, c'est qu'on le connaît soit directement, parce qu'on l'a visité, soit indirectement, parce qu'on y a des relations personnelles ou d'intérêt; c'est que, dans tous les cas, on en sait bien la manière d'être, les ressources et les besoins. Or, nul homme n'est universel et tel qui n'ignore rien de la Côte d'Ivoire serait très mauvais appréciateur des nécessités du Congo. Ceux-là donc qui, ayant vu leurs espoirs déçus pour cette colonie, ont jeté leurs regards loin de là, vers une autre partie de notre domaine colonial, ne nous paraissent pas, dans leur ensemble, avoir de convictions bien précises, et, partant, susceptibles de les porter dans l'esprit d'autrui.

Mais, quand on a voulu *expliquer* le régime inauguré au Congo, on a eu tort de dire qu'il était un pays *sans mouvement commercial*, puisque les statistiques officielles révèlent que, en 1898, son commerce général a largement dépassé 10 millions de francs. D'ailleurs, l'assertion, si elle s'était trouvée exacte, se retournerait encore contre ses auteurs, qui ne voient le salut de notre Afrique que dans le commerce libre, dans la liberté économique la plus étendue. Nos premiers établissements au Congo datent de l'année 1839. C'est donc que le commerce est, volontairement ou non, impuissant, à lui seul, à assurer la pénétration et à répandre la civilisation dans l'hinterland, s'il est vrai que, après soixante années, le pays est à « l'état vierge » et ne renferme que « des populations voisines de la barbarie et ignorantes des ressources de leur sol ». Passons. Est-il vrai de soutenir qu'aucune autre portion de notre domaine africain n'est dans le même cas? Prenons, par exemple, la Côte d'Ivoire : son commerce général, pour 1898, est de plus de 10 millions, donnant ainsi un résultat presque identique à celui du Congo; si, creusant plus avant l'étude de son état économique, on consulte attentivement les documents statistiques, l'on trouve que le mouvement commercial par les portes de douane de la partie ouest de la colonie est insignifiant.

Nous bornerons là le raisonnement, et nous nous abstiendrons de préciser d'autres indications qu'il n'entre ni dans notre compétence ni dans nos intentions de donner. Mais l'exemple ci-dessus suffit, à lui seul, pour montrer le danger qu'il y a de généraliser. Sur ce qu'était le Congo français il y a quelques années, on lira avec intérêt la *Notice sur le Congo*, rédigée par M. Marcel Guillemet, à l'occasion de l'Exposition universelle de 1900, et publiée sous les auspices du Commissariat général; on y trouvera, des pages 4 à 39, le résumé instructif des nombreuses explorations qui ont fait connaître ce vaste pays, au point de vue géographique, ethnographique, agricole et forestier [1].

L'opinion publique, dans notre pays, est, on le sait, particulièrement versatile; elle passe d'une extrémité à l'autre avec une facilité surprenante et qui indique qu'elle procède, non d'une réflexion saine et pondérée, mais de sentiments impulsifs et irraisonnés. C'est là un danger grave, aussi bien en politique que dans le domaine de l'économie coloniale, et contre lequel les meilleurs esprits ont besoin, eux-mêmes, de se tenir en garde. Après l'engouement incontestable qui s'est manifesté, il y a deux ans, dans certains milieux coloniaux, et même extra-coloniaux, pour les nouvelles entreprises du Congo français, il s'est produit, voilà déjà de longs mois, un recul trop rapide pour se justifier par des difficultés inattendues, par des surprises désagréables, par des revers partiels. Ce n'est évidemment pas au bout de moins d'une année, même de dix-huit mois d'existence de la plupart de nos sociétés congolaises, que l'on a pu préjuger de l'avenir qui leur est réservé; ce sont des œuvres de très longue haleine et sur lesquelles, à cause de l'éloignement de leur centre d'exploitation, on ne pourra pas porter de jugement bien motivé avant plusieurs années d'ici. Il y a donc lieu de penser que le recul apparent dont on parle a été quelque peu aidé par les gens hostiles aux concessions, qui ont crié bien fort à la ruine, parce qu'un succès immédiat et foudroyant, donc impossible en l'espèce, ne s'était pas produit. Quant au grand public, il attend avec sagesse; et, comme il ne s'est pas mêlé au mouvement, très restreint d'ailleurs, de spéculation à la hausse, puis à la baisse, qui s'est produit sur quelques-unes seulement de nos valeurs congolaises, les pouvoirs publics, à prendre les choses comme elles sont, n'ont réellement pas lieu de s'émouvoir, avec d'autant plus de raison que si, plus tard, des échecs particuliers se produisent, tout ne sera pas perdu, ainsi que nous l'avons dit plus haut. Et puis, en fin de compte, l'État a-t-il aux concessionnaires promis le succès et celui-ci est-il, dans l'ordre des

---

[1] Voici quelques renseignements sur les progrès économiques de l'Etat indépendant du Congo : en 1886, le commerce spécial s'élevait à 3.500.000 de francs; il est actuellement de plus de 50 millions — en treize ans, 54 millions de plus — soit dix-sept fois plus considérable; la presque totalité en revient à la Belgique, soit 48 millions; c'est un exemple à suivre pour nous dans nos colonies. En 1891, le Congo n'était exploité que par six Compagnies belges, possédant ensemble un capital de 34 millions. Actuellement, ces compagnies sont au nombre de 43, leur capital global de 104 millions; 183 postes ou stations sont à présent établis et administrés presque exclusivemnt par des agents blancs au nombre de 1.031; ils n'étaient encore que 604 en 1897. (V. *Quest. Dipl. et Col.*, 1901, p. 57.)

choses humaines, la règle générale? C'est le contraire qui est conforme à la réalité. Combien, autour de nous, voyons-nous d'entreprises réussir? La proportion est certainement inférieure au tiers; beaucoup d'appelés, mais peu d'élus. Or ce n'est pas parce que des entreprises sont lointaines, dans nos colonies, qu'elles doivent forcément prospérer plus que dans la mère patrie. Voilà la vérité et l'on ne saurait trop la publier, afin de rassurer la conscience, un peu timorée, d'hommes très respectables qui, écœurés par le souvenir des spéculations du Panama et d'autres affaires analogues, entrent en défiance dès qu'il s'agit d'opérations, correctes en elles-mêmes et absolument licites, mais à l'occasion desquelles des abus sont possibles.

Les hommes ne seraient pas les hommes s'ils n'étaient pas sujets à des erreurs involontaires ou même voulues. Disons-le : si, par crainte des abus, on préférait le *statu quo*, ce serait la perte définitive de la cause coloniale, à laquelle on a raison de dire que la plupart de nos concitoyens ne s'intéressent pas assez. Que sera-ce alors si, avant même de chercher à opérer un choix, on tue les initiatives qui ne demandent qu'à se produire et à faire œuvre utile et profitable? Il faudrait que les pouvoirs publics, loin de les décourager, en provoquent la multiplication, au contraire [1], afin que, dans le public, on ne dise pas, comme cela a lieu fréquemment, que les affaires coloniales sont le bien d'un clan restreint qui s'efforce de défendre sa chose et son influence par tous les moyens possibles. Pour être juste, ajoutons que, depuis quelque temps, il se produit d'heureux symptômes d'expansion intellectuelle vers les choses coloniales; de nouveaux apôtres : les Marcel Dubois, les Henri Lorin, les Arthur Girault, etc., s'efforcent de répandre dans de nouveaux milieux la bonne parole coloniale. Mais qu'est-ce que de savants écrits, de belles conférences, si, sur le terrain pratique, on se heurte à des difficultés administratives sans cesse renaissantes? On s'est toujours plaint de cela dans notre pays; le progrès, dont on parle tant, devrait bien faire sentir son action dans notre économie politique coloniale.

Convient-il, avant de mettre en valeur diverses parties de notre Afrique occidentale, d'attendre les résultats que donnera, pour le Congo français, le régime des concessions qui vient de lui être appliqué? Nous ne le pensons pas, et cela pour plusieurs raisons. Sans revenir sur ce que nous avons dit touchant la nécessité de prendre

---

[1] Le *Journal Officiel de la Côte d'Ivoire* (décembre 1900) vient de faire savoir aux personnes ayant sollicité des concessions rurales de 10.000 hectares et au-dessous qu'elles ne pourront pas être examinées jusqu'à ce que le règlement général prévu par l'article 5 du décret du 30 août 1900 ait été publié. Il va de soi que cet acte administratif devra réglementer également la situation des grandes concessions.

des mesures de réglementation en vue de préserver les richesses caoutchoutières qui disparaissent rapidement par l'exploitation nocive des indigènes, sans insister sur les vœux de l'opinion publique qui finira par se lasser d'attendre qu'on se décide à faire quelque chose *de* nos colonies et *pour* nos colonies dont, jusqu'ici, le métropole tire vraiment trop peu de profits, notamment en ce qui concerne nos plus jeunes colonies de l'Afrique occidentale qui sont plus aux mains des étrangers que dans les nôtres, soit par le nombre plus grand de comptoirs anglais qu'elles renferment actuellement, soit pour la provenance exotique à peu près totale des marchandises qu'elles reçoivent, soit enfin pour la destination des produits qu'elles expédient, de préférence, à Liverpool, Anvers et Hambourg ; nous estimons qu'il serait excessivement fâcheux de subordonner, comme certaines personnes, assez rares du reste, le demandent, la solution du problème de la mise en valeur de l'Afrique occidentale aux résultats de ce qu'on a appelé : l'*expérience du Congo*. Lors de l'interpellation d'Agoult, à laquelle nous avons déjà fait allusion, M. Decrais n'a voulu prendre aucun engagement à cet égard, malgré l'insistance de l'interpellateur qui désirait que le Ministre des Colonies promît de ne plus donner de concessions, jusqu'à ce que la tentative faite au Congo soit devenue concluante. M. Decrais a fort prudemment agi ; il n'ignore pas que l'expérience du Congo ne sera pas faite avant plusieurs années ; il sait que, comme dans toutes les entreprises humaines, il y aura là des succès et aussi des échecs, qui tiendront soit au choix des terrains, soit aux capacités des hommes placés à la tête des exploitations, soit à la vigilance et à la perspicacité des conseils d'administration ; et il n'est jamais entré dans sa pensée de tirer des conclusions de ce qui se passera au Congo — si des échecs s'y produisent — pour condamner le système des concessions territoriales d'un usage si fréquent et si fécond dans les colonies belges, anglaises, allemandes et portugaises [1].

Dans ces derniers temps, la presse d'outre-Manche a essayé de faire beaucoup de bruit au sujet de prétendus abus qu'auraient commis certains concessionnaires congolais au détriment de quelques trafiquants anglais.

Des organes de la presse anglaise se sont faits les échos complaisants de fâcheux racontars dont l'objet trop visible était d'intimider notre administration actuelle des colonies au sujet des concessions territoriales accordées au Congo français par l'administration précédente. Ont-ils ajouté foi trop facilement à des bruits, assurément gratuits, qui représentaient M. Decrais comme hostile à

---

[1] On consultera avec intérêt un ouvrage de M. Hamelin, auditeur au Conseil d'Etat, sur les *Concessions Coloniales* (A. Rousseau, 1899).

l'œuvre de M. Guillain? Ce qu'il y a de positif, c'est que, dans le courant du mois de novembre 1900, une campagne tendancieuse a été entreprise de l'autre côté du détroit, afin d'amener l'opinion publique à soutenir les revendications que s'apprêtaient à faire formuler, par voie diplomatique, certains trafiquants anglais côtiers du Congo français qui prétendaient avoir à se plaindre d'actes de vol, etc., etc., dont ils auraient été victimes de la part des concessionnaires.

Heureusement, notre presse coloniale (V. *Dépêche Coloniale*, n^{os} des 9, 14, 16, 23, 24, 25, 30 novembre et 5 décembre 1900) a immédiatement rétabli les faits et énergiquement mis en demeure les plaignants d'avoir à soumettre leurs griefs au tribunal de Libreville, seul compétent pour en examiner le bien-fondé et qui, étant sur place, en quelque sorte, se trouvait mieux placé que qui ce soit pour en apprécier la valeur. Elle a rappelé aux amis bénévoles, et sans doute mal renseignés, de ces revêches trafiquants, que, *charbonnier étant maître chez lui*, la France avait bien le droit incontestable — au même titre que l'État indépendant du Congo — de concéder à qui bon lui semblait la cueillette des produits de son domaine privé, puisque, d'après le texte exprès du cahier des charges, elle avait réservé la libre circulation pour tout le monde sur son domaine public, routes, fleuves et rivières. On prit soin, à Paris, de rétablir les faits ; on signala que les négociants anglais se réclamaient, à tort, de prétendus droits acquis, avec d'autant moins de raison qu'ils n'avaient envoyé de traitants sur quelques points de l'intérieur que *depuis* les décrets de concession, mais *avant* que les ayants-droit aient eu le temps matériel d'arriver d'Europe pour aller prendre possession. Bref, il a été prouvé que les trafiquants anglais n'avaient songé à obtenir des indemnités, par voie diplomatique, qu'après avoir échoué devant le tribunal de Libreville dont ils avaient accepté la juridiction contre les concessionnaires. On a, fort à propos, fait remarquer que ce que cherchaient les chefs des comptoirs anglais, en prévision de la diminution, redoutée par eux, de leurs affaires commerciales, c'était d'obtenir de notre gouvernement une forte indemnité qui aurait été d'autant plus injuste, en la circonstance, que les maisons belges, hollandaises et allemandes, qui se trouvaient dans le même cas, s'inclinant devant le droit certain de la France de soumettre le pays au régime des concessions, s'étaient arrangées avec les concessionnaires pour la reprise de leurs établissements qu'ils jugeaient devenus sans intérêt pour eux bien que la liberté commerciale fût restée entière.

Si, aujourd'hui, les Anglais regrettent la diminution de leurs affaires dans notre Congo, ils ne doivent s'en prendre qu'à eux-mêmes ; car si, avant la réglementation de la propriété foncière, ils avaient effectivement pénétré dans certaines régions de l'intérieur et s'ils s'y étaient établis sérieusement, de manière à pouvoir se réclamer des bénéfices d'une occupation réelle, leur situation eût été infiniment meilleure et le cahier des charges des concessions *réservant, en outre des droits des indigènes, les droits acquis aux tiers*, leurs réclamations auraient été sûrement accueillies. Mais tel n'est pas leur cas. Au Congo français, comme partout ailleurs au surplus, les négociants anglais et... les autres ne se sont jamais préoccupés du lendemain, cherchant à réduire leurs charges et leurs frais au minimum afin de ne pas craindre les effets de la concurrence.

Les Anglais confondent, volontairement ou non, deux choses bien distinctes : la liberté commerciale, d'une part, et, de l'autre, le droit pour l'État, propriétaire, de disposer librement des terres qui lui appartiennent. Que si, en conséquence, on craignait, par suite de l'extension du régime des concessions à l'Afrique occidentale, des réclamations possibles de la part des comptoirs étrangers, la réponse est bien simple : Que leur a-t-on garanti en les laissant s'établir chez nous? Rien, si ce n'est, au point de vue commercial, l'ÉGALITÉ DE TRAITEMENT avec nos propres nationaux.

*
* *

Le but à atteindre[1], au moyen d'une réglementation appropriée à la situation spéciale de chacune de nos colonies de l'Ouest-Africain, c'est donc de *développer la production en assurant la conservation des ressources actuellement inexploitées ou sacrifiées*. M. Chailley-Bert a exposé (*loc. cit.*) que la création, dans ce but, de grandes entreprises agricoles et autres était prématurée, l'étude du pays, de ses productions, de ses procédés de culture, des conditions de la main-d'œuvre, étant « encore trop peu riche en données certaines ». Cette observation nous a surpris chez un homme qui a écrit que « nos colonies en étaient arrivées à l'âge de l'agriculture » et que, à l'inverse du Congo, nos colonies de l'Ouest-Africain étaient trop connues, trop exploitées pour qu'on puisse leur imposer le système des concessions. Ne

---

1 Voici comment, après certaines réserves, s'exprime M. Ch.-Roux à cet égard : « Chaque colonie réclame son régime spécial de concession ; dans une même colonie, on doit recourir à des systèmes différents suivant les zones, le climat, la nature du sol et la densité de la population. Il est donc chimérique de procéder par voie de règlements généraux et uniformes ». Donc, à la colonie revient le choix des terres à concéder et le lotissement à en faire, au gouvernement le soin de s'assurer de la moralité, des capacités et des moyens d'exécution des concessionnaires. M. Ch.-Roux ajoute qu'il est indispensable que ceux-ci soient mis à même de réussir pour que d'autres suivent leur exemple, car « il faut bien se mettre dans la tête qu'une concession coloniale, si avantageuse qu'elle soit en apparence, vaut surtout par l'activité, l'expérience de celui qui est chargé de la mettre en valeur et qu'en faisant bien ses propres affaires, il assure la prospérité de la colonie où il est établi » (*loc. cit.*, p. 76 et suiv.).

semble-t-il pas y avoir là une certaine contradiction? Nous avons été non moins surpris de trouver, chez la même personne, une opinion diamétralement opposée à celle de la Commission sénatoriale des colonies de 1897, laquelle, par l'organe de M. Pauliat, son rapporteur, estimait que le rôle des compagnies concessionnaires était, « sous le rapport du peuplement, des travaux publics et de la mise en valeur des territoires, d'accomplir des choses qu'on ne saurait attendre, de longtemps, de la colonisation individuelle ». Néanmoins, forcé par l'évidence des choses, M. Chailley-Bert s'est trouvé amené, lui-même, à dire qu'il pourra être intéressant de créer des concessions pour « des hommes auxquels les colonies ne sont pas étrangères... et lorsque les administrations locales auront déterminé, en connaissance de cause [1], les régions qui, en fait et en droit, pourront le mieux se prêter à ce genre d'entreprises » qu'il conviendra « d'encourager, de guider et d'aider avec la plus grande bienveillance ». Ce sont là des souhaits auxquels tout le monde peut se rallier, avec d'autant plus de raison que l'expérience démontre et est à la veille de prouver, une fois de plus, que, à l'encontre de ce que dit, par ailleurs, M. Chailley-Bert, nos colonies africaines ne sont pas à même de construire leurs chemins de fer au moyen de leurs seules ressources : on sait ce qu'a coûté, jusqu'ici, le chemin de fer du Soudan aux finances métropolitaines; on peut se demander quel sera l'avenir de celui de la Guinée que la colonie fait elle-même, faute d'avoir, jusqu'ici, trouvé un concessionnaire; le chemin de fer du Dahomey n'a eu preneur que grâce à des avantages territoriaux et financiers; celui de la Côte d'Ivoire (*projet Houdaille*) attend, pour être entrepris par l'initiative privée, que l'état budgétaire de cette colonie lui permette de prendre une certaine participation dans les dépenses. On voit combien les capitaux sont réservés et combien l'on doit se garder de prendre ses désirs pour des réalités. Les grands travaux publics, en Afrique, et la mise en valeur du pays sont trop dispendieux et comportent trop de risques pour qu'on puisse se priver de recourir à de grandes compagnies concessionnaires. C'est donc avec raison qu'on a dit que l'influence des caravanes était plutôt nuisible au développement colonial réel du pays et que le commerce, tant à la côte que dans l'hinterland, ne pourrait progresser, d'une façon durable et solide, que si les immenses territoires en étaient mis en valeur à l'aide d'une réglementation judicieuse basée sur le régime des concessions, préservatrices des richesses d'aujourd'hui, créatrices de celles de demain.

Le problème, sans être complexe, demande de la réflexion, puis-

---

[1] C'est ce qui a été fait à la Côte d'Ivoire ; et, cependant, l'Administration centrale ne bouge pas, laissant croire ainsi à une prévention incompréhensible.

qu'il est nécessaire de concilier les intérêts présents et futurs des indigènes avec ceux, bien compris, des Européens. En Guinée, l'administration est désarmée pour arrêter la destruction des richesses terriennes, puisqu'elle proclame, elle-même, le droit absolu des noirs sur tout le pays ; elle est donc sans force pour s'opposer à ce qu'ils disposent, à leur gré, de ce qu'elle reconnaît leur appartenir. Et puis, en fait, pas plus en Guinée qu'ailleurs, le voudrait-elle qu'elle ne le pourrait pas d'une manière directe et efficace. Quant aux négociants côtiers, eux, ils ne vivent que de l'exploitation intensive et maladroite des richesses du sol par les indigènes ; toutefois, sans celle-ci, eu égard à l'absurde concurrence qu'ils se font entre eux, Français et étrangers, le chiffre de leurs affaires baisserait considérablement. Donc, en présence de l'incurie des noirs et des dangers de l'âpre concurrence qui découlent de la liberté économique, une prudente réglementation — qu'on la taxe de socialisme d'État, comme l'a fait M. d'Agoult, ou autrement, peu importe — paraît être le seul régime qui, en Afrique, pendant longtemps encore, soit de nature à sauvegarder et à améliorer l'avenir des colonies : celles d'Afrique surtout n'ont, jusqu'ici, trop servi qu'aux intérêts des étrangers ; il est grand temps, pour la cause coloniale elle-même, qu'elles profitent à notre industrie et à nos concitoyens. Que les Pouvoirs publics surveillent de près le mouvement qui porte les initiatives et les capitaux vers les concessions territoriales, « qu'ils cherchent à le canaliser et à en régulariser le cours », rien de mieux ; mais qu'ils n'enrayent pas totalement ce mouvement qui, alors, finirait par se diriger vers des pays étrangers qui le sollicitent actuellement en lui prodiguant des offres avantageuses ; cela, notre opinion publique ne le pardonnerait pas à ceux qui en seraient la cause, volontaire ou non.

Il est des hommes qui, pénétrés de cette pensée que l'avenir de notre pays est dans le développement méthodique de nos colonies, n'ont pas craint, à l'âge de la maturité, d'aller étudier sur place, en Afrique et ailleurs, les conditions de l'établissement de grandes entreprises de colonisation. Ces études, à elles seules, sont œuvres de longue haleine et demandent à être mûries. Le Ministère des Colonies avait pris enfin, il y a quelques années, la résolution d'activer la réalisation des idées coloniales de MM. Étienne, Delcassé, de Lanessan, Jules Roche, André Lebon, Pauliat, Trouillot. Ce dernier créait la Commission des concessions coloniales, à la collaboration de laquelle M. Guillain fit largement appel pour la mise en valeur du Congo. L'initiative privée, pendant ce temps-là, préparait d'autres projets pour la colonisation des différentes parties de l'Afrique occidentale. On faisait de longs voyages ; on exposait des frais considérables puisque notre Administration coloniale semblait et disait avoir un programme bien arrêté, donc préalablement étudié. Les hésitations du Pavillon de Flore à faire quelque chose semblent, aujourd'hui, indiquer que les conséquences de l'instabilité ministérielle ont dérangé tout ce programme, qui n'était pas cependant de la politique. A l'avenir, avant de s'embarquer pour essayer de faire œuvre utile, on réfléchira. La splendide impulsion donnée aux idées coloniales par les hommes éminents dont nous venons de rappeler les noms est plus que ralentie : l'élan est arrêté.

IV

LA MAIN-D'ŒUVRE [1]

Il ne suffit pas de poser en principe que la main-d'œuvre doit être ABONDANTE, STABLE et BON MARCHÉ. On doit rechercher si, dans les circonstances actuelles et en présence de populations aussi arriérées, aussi indolentes, aussi imprévoyantes que celles de nos colonies de l'Afrique occidentale, on pourra s'assurer une main-d'œuvre, sinon abondante au début, du moins suffisamment stable, pour permettre l'entreprise de travaux de colonisation : exploitation rationnelle et méthodique des forêts, du sol et des mines, travaux publics ou privés de chemins de fer, de routes, d'amélioration du cours des fleuves, etc. M. A. Duchêne, le distingué chef du Bureau de l'Afrique au Ministère des Colonies, a présenté, au Congrès colonial international de 1900, sur cette question, capitale pour l'avenir de la plupart de nos colonies tropicales, un rapport substantiel bien pensé et bien écrit ; il examine tous les côtés de ce difficile problème de la main-d'œuvre et, sans prendre parti ni préciser de solution définitive, il indique [2], avec beaucoup d'à-propos, que, si les nations européennes se font aujourd'hui « un idéal plus noble » de leur rôle civilisateur, on ne doit pas se dissimuler qu' « elles en attendent, en même temps, des effets plus tangibles. Elles espèrent une diffusion progressive de leur propre civilisation, mais elles comptent y trouver aussi une rémunération immédiate de leurs capitaux. Leurs entreprises ne peuvent ajourner indéfiniment le succès, et si les populations indigènes, ni par *éducation*, ni par *besoin*, ne leur fournissent spontanément la main-d'œuvre qui leur est nécessaire, elles y seront autrement incitées ; on la leur réclamera *par force*, on essaiera de les y amener *par intérêt* ». La question est, de la sorte, serrée de près ;

---

[1] Ce sujet, si intéressant, si capital pour l'avenir de nos colonies, a déjà été remarquablement traité par M. Aug. Bernard (*Quest. Dipl. et Col.*, n° du 15 septembre 1900, p. 333 et suiv.) et par M. A. d'Almada Negreiros, *Rapport au Congrès Colonial*, séance du 3 août 1900, broch. chez Challamel. Ces travaux, auxquels nous nous référons, nous permettront donc d'être très brefs. M. Ch. Neufflurd a également présenté, au même Congrès, une étude générale sur *l'Emigration et l'Immigration*, dont la seconde partie contient de curieuses observations comparatives sur la main-d'œuvre chinoise et indienne.

[2] V. *Dépêche Coloniale*, n°ˢ des 27, 28 et 29 juillet 1900.

mais, comme il ne peut s'agir de rétablir l'esclavagisme au profit des nations européennes et que le principe de la liberté est, aujourd'hui, trop entré dans nos mœurs, il y a lieu de rechercher si, tout en respectant le *principe*, l'intérêt même bien compris de nos sujets et de nos colonies ne nous commande pas de réglementer l'application de ce principe. « Cette atténuation de la liberté du travail existe, sous une première forme, lorsqu'une intervention de la force publique peut *obliger* un travailleur indigène à exécuter un contrat de travailler librement souscrit avec un Européen. » Comme la sanction juridique du respect des contrats, si leur violation n'exposait les noirs qu'à des dommages-intérêts qu'ils ne paieraient jamais, serait tout à fait illusoire, M. A. Duchêne expose cette théorie à laquelle nous nous rallions pleinement : « La rupture (par les noirs) d'un contrat civil (de louage d'ouvrage ou de services) devient un délit ; il expose celui qui s'en rend coupable, non plus simplement au paiement de dommages-intérêts, mais à une *sanction pénale et coercitive*. Ce principe nouveau, qui choquerait, en Europe, les scrupules de tous les juristes, a pris place dans les législations coloniales... » S'il nous était permis de compléter cette heureuse et courte synthèse de la question, nous dirions qu'il est désirable de confier la connaissance des litiges de cette nature aux administrateurs, chefs de cercles, etc., etc., et cela, non seulement dans un intérêt de simplification de procédure et d'économie de temps, mais aussi dans le but de renforcer l'autorité morale des représentants de la France partout où flotte son drapeau.

La règle de la séparation des pouvoirs est excellente pour les peuples très avancés en civilisation ; les autres n'y comprennent rien, et, quand celui qui représente la puissance dominatrice n'a pas le droit immédiat et direct de faire respecter les contrats faits avec ceux qui lui appartiennent, nos sujets noirs se disent, dans la simplicité de leur raisonnement, qu'ils n'ont pas besoin de se gêner avec des blancs dont le défenseur légal n'a même pas le droit de les *punir* pour les infractions aux engagements pris. Nous admettons, cela va de soi, que si la rupture vient des blancs, ils peuvent être condamnés à une indemnité, mais JAMAIS à une *peine* matérielle tangible pour les indigènes ; la supériorité, que nous ne devons jamais perdre, en aucun cas, sur nos sujets, en souffrirait par trop gravement. D'ailleurs, on s'est jusqu'ici toujours arrangé de manière à ce que la répression des délits, assez rares, commis par les blancs, tout en étant faite, demeure ignorée des indigènes [1].

A Madagascar, le général Gallieni a eu l'ingénieuse idée, après la

---

[1] « L'Européen, dit le colonel Liautey, doit toujours apparaître à l'indigène comme un être de race supérieure. »

suppression de l'esclavage, d'établir un régime de prestations en nature pour assurer de la main-d'œuvre à la colonie et aux colons ; puis il vient de substituer à ce régime l'impôt en argent, une sorte de capitation variant suivant les ressources des provinces auxquelles on l'applique, de façon que le budget ne perde pas son équilibre, la suppression de la main-d'œuvre forcée à prix réduit devant nécessairement amener une hausse dans le prix du travail libre. Les redevables de cet impôt, fixé en argent, pourront l'acquitter en nature, alors qu'auparavant le rachat des prestations en nature était restrictivement limité. Reconnaissant l'urgence d'assurer une main-d'œuvre *régulière* aux colons, aux entrepreneurs de travaux publics, aux exploitations forestières, le général Gallieni donne : 1° aux indigènes le droit de s'engager avec qui, au prix et pour le temps que bon leur semblera ; 2° aux blancs la faculté de faire sanctionner de pareils contrats, si les indigènes veulent s'y soustraire par calcul ou par simple caprice. Malheureusement, l'Administration centrale a, jusqu'ici, refusé d'autoriser les sanctions pénales (amende ou emprisonnement) proposées à l'égard des contrevenants. On doit souhaiter que, sur ce point également, les hésitations inexplicables dont il s'agit viennent à disparaître. L'arrêté du 31 décembre 1900, que nous venons d'analyser succinctement, prévoit la création à Tananarive d'un Office du travail qui centralisera les offres et demandes de main-d'œuvre, tous les renseignements relatifs à sa réglementation, à l'exécution et à l'interprétation des contrats de travail, enfin toutes les indications propres à faciliter l'introduction des travailleurs étrangers. Le gouverneur de la grande île prévoit aussi le cas où il sera possible, moyennant un prix convenu à l'avance, de confier à un ou plusieurs villages l'exécution de travaux bien déterminés, laissant aux indigènes la liberté de les faire à leurs heures, pourvu qu'ils soient terminés dans un délai fixé. — Les Malgaches auront donc franchi, assez rapidement et sans à-coups, les étapes successives les menant à la liberté. Il pourra en être de même dans l'Afrique occidentale ; mais ça sera beaucoup moins rapide, les indigènes étant infiniment plus arriérés. L'obligation du travail les moralisera d'abord, puis les enrichira suffisamment pour leur permettre, après le rachat de leur liberté, d'apprécier et de pouvoir acquérir les bienfaits de la civilisation. Il serait actuellement prématuré d'importer dans l'Ouest-Africain ce qui a été fait à Madagascar où l'affranchissement n'a ruiné qu'un certain nombre de riches familles, tandis que l'esclavage est la règle générale de notre continent noir. Le *Congrès de Sociologie coloniale* a, lui-même, indiqué que « l'évolution des sociétés indigènes ne peut se faire que graduellement, n'étant que la conséquence naturelle des transformations économiques qui décident du dégré de civilisation d'un peuple ».

Le problème de la main-d'œuvre africaine tient donc à des conditions à la fois morales et matérielles ; il peut se résumer en un certain nombre de propositions. Le noir n'aime pas le travail et est totalement étranger à l'amour de l'épargne ; il ignore que son oisiveté le maintient dans un état d'infériorité économique absolu. Il faut donc utiliser les institutions (si l'on peut employer ce mot) qui le régissent, l'esclavage, dans l'espèce, pour améliorer sa condition, et, par suite, le conduire doucement à l'apprentissage de la liberté. Méprisant le travail, le noir ignore que, pour nous, le travail ennoblit le caractère de l'homme ; il faut donc le faire passer par un état intermédiaire, avant de lui donner la liberté telle que nous la comprenons. « Il n'est pas fait pour recevoir un si grand jet de lumière ; il en serait aveuglé » (d'Almada Négreiros, *loc. cit.*). En un mot, avant de l'affranchir de toute obligation de travail, il faut le régénérer par le travail même. Comme, en l'état actuel des mœurs indigènes, supprimer l'esclavage en bloc serait une utopie, il faut nous en servir pour le transformer graduellement en un servage rémunéré qui sera le prélude de la liberté. Il s'agit, comme l'a si bien dit M. Aug. Bernard, « de ménager la transition entre l'esclavage et la liberté », et, à cet effet, adopter certaines mesures qui, en rapport avec l'état social des indigènes, paraîtraient, en Europe, attentatoires à la liberté individuelle, mais qui, en Afrique, auraient le mérite d'être compris de nos sujets. Parlons-leur donc un langage qu'ils comprennent et donnons-leur des lois en rapport avec le niveau de leur état. Puisqu'ils ont le mépris du travail, faisons-en leur voir les avantages ; puisqu'ils n'ont pas de besoins, efforçons-nous de leur en créer, afin qu'ils se trouvent dans la nécessité de les satisfaire ; tout cela peut et doit marcher en même temps. Mais il ne faut pas nous laisser égarer par un sentimentalisme excessif, suivant la propre expression de M. Le Myre de Vilers. Dans cet ordre d'idées, il y aurait lieu de se défier, un peu, de l'opportunité et de l'efficacité de certains des vœux émis, il y a quelques mois, par le *Congrès de sociologie coloniale* ; ils partent d'excellents sentiments, mais on peut craindre qu'ils ne se rendent pas un compte suffisant de la diversité des mœurs de nos sujets indigènes.

Dans l'Ouest-Africain, actuellement, il n'y a guère que les captifs[1] qui travaillent, aussi bien ceux nés chez leurs maîtres que ceux qui ont été achetés ou pris à la guerre, les premiers travaillant moins

---

[1] « Malgré nos lois et nos mœurs, l'esclavage existe encore chez tous les indigènes, esclavage fort doux en certains cas ; car les captifs dits *de case* sont considérés comme des membres secondaires de la famille et leur sort matériel ne diffère guère de celui de leurs maîtres. Les esclaves qui exercent des métiers manuels jouissent aussi, pour la plupart, d'une grande liberté et, moyennant partage de leurs profits, ils sont leurs propres maîtres et peuvent même posséder des esclaves (ÉLISÉE RECLUS, cité par DORVAULT, p. 246.)

péniblement que les seconds; les hommes libres, nous l'avons dit, méprisent le travail et, en particulier, celui de la terre.

Tel est, exactement précisé, le problème redoutable qui se pose pour nos colonies d'Afrique. Comme la brusque libération des esclaves aurait constitué une faute irréparable, en ruinant à la fois le pays et notre influence, l'ancienne administration militaire du Soudan, en vue d'amener une solution, lente assurément, mais très sûre de la question, avait mis en pratique une conception assez heureuse et dont les résultats n'ont pas été, la plupart du temps, à dédaigner : tout esclave pouvait devenir libre en versant au commandant du cercle une somme de 200 francs qui était remis au maître; afin de recueillir ce pécule, important pour un noir, celui-ci devait travailler pendant assez de temps, et économiser la somme nécessaire en sus des nécessités de son existence et de celle des siens; cela lui demandait parfois deux ou trois ans. Mais on peut affirmer que l'indigène qui avait une volonté assez ferme pour atteindre ce but possédait un niveau intellectuel et moral très supérieur à la moyenne, et présentait une réelle valeur individuelle. Une bonne partie de nos admirables tirailleurs soudanais a été recrutée au moyen d'un procédé similaire.

Toutefois, comme on ne doit pas demander l'impossible à des gens qui, dans leur ensemble, vivent dans une dégradation quasi absolue, il y a lieu de chercher autre chose. A cet égard, nous pensons que l'extension de l'impôt de capitation à tous nos sujets de l'Afrique occidentale peut et doit être utilisée comme un moyen propre à obtenir de la main-d'œuvre et, par là même, à améliorer la condition sociale de nos sujets. Cet impôt se justifie, en lui-même, puisqu'il est la contre-valeur, en somme, de la paix, de la sécurité que notre présence donne aux populations indigènes. Ne pourrait-on pas promettre aux chefs indigènes chargés de sa perception que, eux et leurs gens, en seraient dispensés s'ils fournissaient soit à la colonie, soit aux particuliers, un certain nombre de journées de travail *moyennant salaire*, de sorte qu'ils recevraient de l'argent au lieu d'avoir à en donner? Le colon employeur pourrait même être appelé à payer cet impôt, en l'acquit des redevables; tout le monde aurait donc intérêt à faciliter la main-d'œuvre : les *indigènes*, qui éviteraient de payer l'impôt de capitation et qui recevraient un salaire; les *chefs*, qui, suivant l'usage, prélèveraient une légère dîme sur celui-ci; la *colonie*, qui toucherait régulièrement et sans frais ni risques, des mains du colon employeur, l'impôt correspondant au nombre de ses travailleurs; le *colon*, enfin, qui aurait une main-d'œuvre assurée, sanctionnée par l'administration, comme cela se fait, en Europe, pour le respect des contrats de louage d'ouvrage ou de services.

L'*Institut Colonial International* (session de Bruxelles, 1899) a proposé (p. 357 du Compte rendu des séances) un règlement type des contrats de louage d'ouvrage indigène qui contient d'excellentes choses, mais dont une bonne partie ne nous semble pas répondre à ce qui convient, suivant nous, pour nos colonies de l'Afrique occidentale.

Avec nombre de coloniaux, nous pensons qu'il faut rechercher la main-d'œuvre, d'abord dans le pays lui-même, c'est-à-dire à une distance peu éloignée des lieux d'exploitation, puisque l'on sait que l'indigène travaille plus volontiers hors de chez lui que dans son village, ensuite dans les régions qui ressemblent le plus à celles où elle sera utilisée, au point de vue du climat, de la nourriture, du genre de vie, etc.; par exemple, l'échange de travailleurs entre les diverses colonies côtières du golfe de Guinée présenterait des avantages et peu de frais. « Le recrutement intercolonial, c'est-à-dire d'une colonie d'une puissance européenne à une autre colonie de cette même puissance », l'une fût-elle assez éloignée de l'autre, n'interviendrait qu'à défaut de ressources en hommes, mais faciles à se procurer. Nous ne croyons pas qu'il faille compter beaucoup sur la possibilité de recruter, pour l'Afrique occidentale, de la main-d'œuvre dans les possessions anglaises, hollandaises ou françaises de l'Asie. Chacun de ces groupes défend énergiquement ses réserves d'hommes. Le même scepticisme nous prend en ce qui concerne les essais, auxquels quelques personnes semblent s'attacher, de faire venir au Congo des noirs américains de la Louisiane. Ces gens-là sont habitués à un genre de vie absolument différent de celui auquel ils seront soumis en Afrique; ils demanderont des salaires élevés et leur obéissance sera très relative; quant à leur rendement en travail, il n'est pas douteux que, sous l'influence d'une vie nouvelle, d'un dur labeur, et malgré une discipline sévère, il ne devienne rapidement presque nul. Nos colonies africaines devront donc se résigner à recruter leur main-d'œuvre dans les régions circonvoisines; elles y trouveront, au moins, les avantages d'une acclimatation toute faite et de frais peu considérables, ce qui n'est pas à dédaigner. Quant à la durée des engagements, il est bien difficile d'indiquer une règle uniforme : cette durée sera nécessairement plus longue quand les travailleurs viendront d'une colonie voisine; au contraire, lorsqu'ils seront employés à une distance relativement peu éloignée de leur lieu d'origine, l'intérêt de la colonie et du colon sera de les renvoyer dans leurs villages, dès le début de l'hivernage, au moment des semailles, afin qu'ils puissent se livrer aux cultures vivrières; des contrats de huit mois sembleraient donc, en ce cas, suffisants. On conçoit que, en pareille matière, il n'y ait place que pour de simples indications; le mieux serait, à notre sens, de laisser les autorités locales et les colons régler ensemble, sur les lieux mêmes, toutes ces questions qui comportent des nuances de détail impossibles à connaître et à trancher de loin. Le seul désir que l'on soit fondé à exprimer, c'est que le Ministère des Colonies adresse à tous ses agents des instructions précises touchant la validité des contrats d'engagements et la nécessité d'en assurer l'exécution régulière, sauf à édicter contre les indigènes qui voudraient s'y soustraire des *peines* en réparation du *délit* qu'ils auraient ainsi commis. Du jour où la main-d'œuvre africaine sera convenablement réglementée et abondante, et où, par conséquent, on pourra l'employer d'une manière méthodique, la France verra disparaître ses préoccupations actuelles au sujet de la mise en valeur de ce vaste pays qui, alors, lui pourra rendre au centuple les sacrifices qu'il aura coûtés; car les indigènes, enrichis par le travail du sol, deviendront, par milliers, des consommateurs de plus en plus avantageux pour tous les articles que voudra et pourra leur envoyer la métropole.

V

LA PÉNÉTRATION PAR LES CHEMINS DE FER

« La richesse d'une colonie, a dit le colonel Thys, ne dépend pas seulement de ses ressources naturelles, mais encore et surtout de la façon dont on sait les mettre en valeur. » Quant à celle-ci, en sus d'un bon régime des terres, elle dépend principalement de la « création de voies de communication nombreuses, pratiques et à bon marché » [1].

Tout le monde est aujourd'hui d'accord sur ce principe dans l'application duquel seulement les divergences d'opinion commencent.

Sera-ce le commerce libre qui fera les frais de ces voies de communication? Non, assurément ; car qui lui garantirait le remboursement de ses dépenses? Des concurrents surviendraient vite et en profiteraient à bon marché ; pouvant acheter et vendre dans de meilleures conditions, ils draineraient toutes les affaires au détriment de ceux qui auraient fait les premiers sacrifices en vue de la pénétration. Nous n'insisterons pas sur cette pensée que nous avons déjà longuement développée.

Sera-ce l'État ou la colonie? L'intervention de l'État n'est pas, actuellement, vue favorablement au Parlement français qui estime — après l'expérience regrettable du chemin de fer du Soudan, après celle de la voie de Dakar à Saint-Louis qui aura mis vraisemblablement vingt ans à cesser d'être onéreuse à la métropole — que c'est à qui est appelé à profiter de la création d'une voie ferrée à intervenir pour faciliter la réalisation de l'entreprise, l'État n'ayant qu'à exercer un simple contrôle. A l'objection tirée de ce que le concours pécuniaire de la colonie peut lui être onéreux, dans les débuts surtout, on peut répondre que l'excédent de recettes prévu vraisemblable, la mise en valeur de vastes territoires, l'accroissement inévitable des recettes douanières et fiscales, tout cela justifie un

---

[1] « En Europe, le chemin de fer est la résultante d'un mouvement commercial ; aux colonies, il le précède et le suscite » (CHARLES-ROUX, *eod. op.*, p. 157, citant le colonel Thys).

« Le développement des voies de communication, et, particulièrement, des lignes de chemin de fer, est une des nécessités qui s'imposent avec le plus de force à notre gouvernement, s'il veut activer la mise en valeur de nos colonies »(*eod. loc.*, p. 104).

6

semblable concours. Il va de soi que si la situation financière de la colonie lui permet d'offrir au capital une garantie d'intérêt de 2 1/2 % par exemple, les choses seront assez simplifiées, puisqu'on n'aura plus guère qu'à rechercher si les recettes brutes seront suffisantes pour couvrir les dépenses d'entretien et les frais d'exploitation. Mais, on doit le reconnaître, presque jamais une colonie, en Afrique tout au moins, ne sera en mesure de présenter des budgets en excédents suffisants et réguliers, pour qu'on ait la certitude que la garantie d'intérêts, surtout si elle doit être élevée, sera toujours payée. La pratique recourt à d'autres moyens qui, suivant nous, sont de nature à offrir aux capitaux assez d'avantages pour qu'ils s'intéressent à ce genre d'entreprises : par exemple, les travaux d'infrastructure, qui présentent des aléas de main-d'œuvre, seront exécutés par la colonie, le concessionnaire se chargeant de la superstructure ; de plus, on pourra convenir que les insuffisances de recettes, par rapport aux dépenses d'entretien et d'exploitation, seront supportées par les deux parties : colonie et concessionnaires, dans des proportions à débattre, etc., etc. Quant à penser pouvoir remplacer l'intervention pécuniaire uniquement par des concessions de terres, « c'est un leurre », suivant la forte expression du colonel Thys, qui s'y connaît. En effet, de deux choses l'une : ou bien les territoires concédés seront fertiles et en rapport, ou bien ils seront vierges et d'une production incertaine ; dans le premier cas, l'octroi de terres à la compagnie concessionnaire de la ligne serait une affaire magnifique, si ceux qui auront mis antérieurement ces terres en valeur n'étaient là pour récriminer contre la spoliation qu'on leur imposerait; dans le second cas, comme il faudrait que la compagnie concessionnaire consacre ses disponibilités à l'exploitation de terres sans valeur immédiate, l'opération, à défaut d'un concours pécuniaire de la colonie, menacerait trop de devenir mauvaise, et alors on ne trouvera pas de capitaux pour l'entreprendre. Une combinaison spéciale, dont nous venons d'indiquer quelques-uns des éléments, paraît donc absolument nécessaire. Telle est, d'ailleurs, l'opinion fortement motivée de l'Institut Colonial International à la suite d'une enquête étendue qui a duré plusieurs années et que sa session de Bruxelles (1899) a consacrée d'une manière définitive. Nous croyons devoir la résumer dans ses principaux traits.

*
* *

Si la voie projetée a un caractère stratégique, ou bien si les éléments de trafic ne doivent être créés que par l'instrument même qu'ils sont destinés à alimenter, l'entreprise sera d'un rendement trop incertain pour qu'on puisse nourrir l'espoir d'y intéresser l'initiative privée au cas où l'État n'interviendrait pas d'une façon plus ou moins étendue, suivant les cas. En dehors de diverses facilités que celui-ci devra donner aux concessionnaires, l'octroi de terres, « à titre de prime due à la hardiesse et à l'initiative », paraît légitime; ce n'est pas un sacrifice pour l'État, qui s'assure ainsi de leur mise en rapport « par des gens faisant preuve d'initiative ». Les longues hésitations des capitaux à s'intéresser au chemin de fer du Congo, dont cependant le rendement ne faisait de doute pour personne, eu égard aux immenses richesses qu'il devait transporter et qui étaient connues, prouvent que les Pouvoirs publics doivent se résigner à concéder de larges avantages s'ils veulent que l'initiative privée réponde à leur appel. Le premier de ces avantages semble être la garantie d'intérêt par l'État; mais celle-ci ne doit pas correspondre au taux *plein* du rapport de l'argent ; autrement, cette garantie constitue « une prime à l'inertie et à l'improductivité » ; toutefois, l'État « doit garantir un minimum de bénéfices constituant la sauvegarde des capitaux pendant le temps, plus ou moins long, qu'ils devraient attendre une rémunération suffisante ». Par voie de conséquence, il est juste que, quand celle-ci est atteinte, « l'État soit appelé à participer dans les bénéfices supplémentaires en proportion des sommes qu'il a dépensées ».

Voilà ce que pense l'Institut Colonial International au sujet des principes à adopter dans les *combinaisons financières* à soumettre à l'initiative privée, afin de l'intéresser à entreprendre l'opération. Mais l'État a encore le devoir d'examiner les *conditions techniques* qui présideront à l'exécution des travaux, puisque, garantissant une rémunération au capital employé, il faut que celui-ci ne grossisse pas immodérément, ce qui pourrait se produire si on laissait toute liberté au concessionnaire dans les dépenses de premier établissement. Toutefois, les prix de revient, devant servir de base au devis estimatif, n'ayant, dans les pays neufs, qu'une simple valeur d'indication, « le mieux est d'établir un forfait après discussion entre les deux parties ». L'Institut Colonial ajoute que si « les dépenses sont supérieures au devis, l'État devra en supporter une certaine proportion. Pour éviter d'inutiles complications, nous pensons, en ce qui concerne l'Afrique, que le plus simple est de laisser à la colonie l'obligation de l'infrastructure, le concessionnaire faisant le reste à des conditions à débattre et qui, nécessairement, seront spéciales à chaque colonie. Ce qu'il importe de retenir, parce que l'Institut y insiste, « c'est qu'on ne peut songer à offrir, en contre-partie d'un fort capital, des terrains dont la valeur ne peut donner lieu à aucune estimation sérieuse; une convention conclue sur ces bases constituerait une simple spéculation de jeu ». Dans le plan financier d'un chemın de fer en pays neufs, il y a lieu, eu égard aux aléas à courir et aux différences parfois énormes entre l'estimation primitive et le coût définitif des travaux, d'escompter très largement, en faveur du concessionnaire, les imprévus et les erreurs possibles. Bien qu'il soit désirable de construire solidement et, à la fois, économiquement, il faut le faire rapidement : « dans les colonies, les questions de temps priment tout ; là où tout est à faire, il ne faut pas chercher à faire *parfait*, mais il faut chercher à faire VITE, le *mieux étant souvent l'ennemi du bien...* » En tout état de cause, il est indispensable que les chefs de l'entreprise veillent à ce que les « ouvriers soient bien traités, équitablement payés, qu'on se préoccupe de leur alimentation et même de leurs distractions ». Ajoutons que, aussi pour les agents européens, l'alimentation, l'hygiène, le choix de l'habitation sont trop souvent négligés dans les installations africaines ; que, rien n'étant plus précieux que la santé de leurs auxiliaires, on doit se préoccuper, sans cesse, de la conservation de celle-ci, afin d'éviter des pertes douloureuses et des frais de rapatriement ; ce que l'on dépense en plus d'un côté, on l'économise largement de l'autre.

M. Le Myre de Vilers (*loc. cit.*) est, lui, également, partisan, comme l'Institut Colonial International, d'une garantie d'intérêts par l'État de 2 à 2 1/2 %. Il estime que, nos nouvelles colonies de l'Afrique n'étant pas connues des capitalistes, ceux-ci s'abstiendront si l'État ne leur accorde pas de garantie même restreinte. Les chiffres et les renseignements qu'il donne à l'occasion du chemin de fer du Soudan [1] ne manquent pas d'intérêt ; mais ils sont peu encourageants. Toutefois, il importe de remarquer que les chiffres donnés à l'honorable Rapporteur et reproduits par lui appelaient certaines rectifications qui ont été faites. Il convient, de plus, d'ajouter qu'il résulte des dernières nouvelles reçues du Sénégal que la situation du budget spécial du Haut-Sénégal et du Moyen-Niger est entrée dans la voie des améliorations.

Ce qui découle de ces diverses constatations, c'est que, dans l'Afrique occidentale, il faut renoncer franchement à la construction et à l'exploitation directes par l'État qui, là-bas comme ici, fait bien plus cher que l'initiative privée. N'y a-t-il pas lieu d'avoir les mêmes craintes si la colonie construit elle-même ? C'est ce que fait la Guinée, pour les 125 premiers kilomètres de son chemin de fer. Son intention était de borner là son intervention directe et de concéder à l'initiative privée le soin, la charge de continuer la ligne jusqu'au Niger et d'assurer son exploitation. La question se pose, ou mieux se posera bientôt, de savoir si les prévisions du capitaine Salesse sur

---

[1] P. 192 du Rapport.

le prix de revient du kilomètre ne seront pas sensiblement dépas·
sées et si les avantages qu'offrira la colonie seront suffisants pour
qu'elle trouve un concessionnaire. On sait, par ailleurs, sur quelles
bases générales (nous croyons bon de les rappeler ici) a été entreprise la construction du chemin de fer du Dahomey : infrastructure
par la colonie, superstructure, matériel et exploitation par une
société concessionnaire bénéficiant, en outre, de concessions de
terres et de subventions limitées et temporaires, pour combler, par-
tiellement et dans les débuts, les insuffisances de recettes calculées
kilométriquement par rapport aux frais d'entretien et d'exploitation.
C'est là une formule très heureuse et qui, sans doute, s'imposera d'elle-
même, sauf certaines modifications de chiffres, pour le chemin de
fer de la Côte d'Ivoire, quand l'état des finances de cette colonie
permettra d'engager les premières dépenses. Nous estimons que,
sur celles-ci, le prélèvement initial devra être consacré à l'établissement d'un hôpital-sanatorium et d'installations confortables et
hygiéniques pour le personnel européen ; le facile accès du port
projeté s'imposera sans le moindre délai, bien qu'il ne paraisse
pas impossible de commencer les travaux de la voie ferrée avant
son complet achèvement.

*
* *

A côté des divers systèmes préconisés pour les entreprises de
chemins de fer en Afrique ;

a) Construction par l'Etat :

b) Construction par l'initiative privée avec des garanties d'intérêt
par l'État et avec des concessions de terres ;

c) Partage des travaux de l'entreprise entre la colonie (infrastructure) et un concessionnaire (superstructure, matériel et exploitation)
une thèse nouvelle vient d'être récemment exposée. Elle émane de
M. d'Agoult, député du Sénégal, qui l'a longuement développée dans
un *Mémoire sur les chemins de fer de pénétration dans l'Afrique occidentale*,
dont il a donné communication au Congrès national des travaux
publics français qui s'est réuni, à Paris, du 22 au 26 octobre 1900.
Avant d'entrer dans l'examen de cet important travail et quelque
spécieuses que soient les déductions qu'on y rencontre, indiquons
d'un mot que M. d'Agoult est partisan : 1° de la construction et de
l'exploitation par la seule initiative privée ; 2° sans garantie d'intérêt
ni concessions de terres ; 3° au moyen de la plus grande liberté laissée
à l'entrepreneur et quant au choix du tracé et quant aux moyens
d'exécution ; 4° avec le simple concours de subventions temporaires à
verser par la colonie. Si le système de l'unique subvention directe était
adoptée par les Pouvoirs publics, on peut avoir l'absolue certitude que

la pénétration de l'Afrique par les voies de [fer serait retardée pendant de longues années, attendu que, d'ici longtemps, aucune de nos colonies côtières ne réalisera de recettes assez fortes pour faire face aux versements élevés qui lui seraient demandés. En effet, et ainsi que M. d'Agoult le reconnaît lui-même, les capitaux français se tiennent, jusqu'ici, éloignés de ce genre d'entreprises ; les grands établissements de crédit n'engagent leur clientèle que dans des affaires sûres ; les caisses d'épargne se bornent à l'achat de fonds d'État et des obligations de premier ordre ; quant à la fraction dite *aventureuse* de l'épargne, elle est tellement sollicitée de toutes parts qu'elle ne sait à qui répondre et souvent elle se laisse séduire plus par des affaires habilement présentées que par celles qui sont sérieusement étudiées. Est-ce parce que les ingénieurs civils prendront la tête du mouvement, ainsi qu'y conclut M. d'Agoult, que seront, du coup, solutionnées les difficultés de toute nature que l'on connaît ? Nous nous permettons d'en douter fortement.

Est-ce parce que des ingénieurs dirigeront l'entreprise que l'épargne française sera moins réservée et changera subitement de direction ? Est-ce, par suite de la présence d'ingénieurs sur les chantiers, que sera plus rapidement trouvé « le levier économique qui agira sur une main-d'œuvre irrégulière et capricieuse, dépendant de superstitions religieuses qu'on ne soupçonne même pas, et aussi de rivalités de races à éviter » ?

Réfutons, avant de poursuivre davantage, quelques propositions, un peu surprenantes, de M. d'Agoult.

« *Toute région où il y a association de l'initiative privée et des pouvoirs publics est très défectueuse, surtout avec les pouvoirs publics de la métropole, à cause de l'éloignement qui retarde les décisions à prendre. Il faut que les pouvoirs publics aient seuls, dans les colonies africaines, toute la direction et toute la responsabilité financière de l'entreprise (construction et exploitation), où que ce soit l'initiative privée.* »

L'expérience démontrant que l'intervention seule de l'État est souvent dangereuse pour les finances de la nation, et le Parlement français étant actuellement hostile à ce système, il semble que l'initiative privée ne peut et ne doit pas être laissée à son libre arbitre et qu'une certaine autorité laissée aux agents de l'Administration centrale, généralement expérimentés, honorables et dégagés de considérations d'ordre local et restreint, ne peut avoir que d'heureux résultats, sauf à activer des solutions parfois bien tardives de la part des bureaux. Il est, de plus, à craindre que si on laisse au concessionnaire le choix du tracé de la ligne et les moyens d'exécution, il ne consulte que son intérêt immédiat et direct au détriment de l'intérêt général et de la mise en valeur de la colonie. Il faut une règle en toutes choses.

« *Comme il est nécessaire, avec les longues voies qui seront construites en Afrique (20 à 30.000 kilomètres d'ici une trentaine d'années) (???), qu'il y ait* DE L'UNITÉ DE RÉGIME *dans un réseau d'ensemble, il faut nécessairement que l'initiative privée en soit chargée.* »

Sans relever ce qu'il y a évidemment d'excessif dans cette évaluation de milliers de kilomètres à construire d'ici à une trentaine d'années, il convient d'indiquer que, précisément à cause de cette unité de vues dont parle M. d'Agoult, c'est le contraire de ce qu'il indique qui est désirable : laissée à elle-même, l'initiative privée, si tant est qu'elle se manifeste, procédera tantôt d'une manière, tantôt de l'autre. Si, au contraire, l'État la guide, la surveille et la contrôle, bien des ennuis fâcheux seront évités.

« *Le régime définitif de nos voies de pénétration coloniale ne paraît pas encore trouvé et admis définitivement.* »

C'est que les conditions de ce régime sont absolument différentes les unes des autres. L'initiative privée raisonne, non sur des principes abstraits, mais sur des réalités d'ordre essentiellement contingent : elle a laissé l'État construire la voie de Kayes à Bammako (Toulimandio et, aujourd'hui, Koulikoro), parce que celle-ci ne lui paraissait pas devoir être une *entreprise payante.* Qui peut affirmer, à l'heure actuelle, que la Guinée continuera son chemin de fer au delà des 125 premiers kilomètres (Conakry à Friguiagbé)? Donc n'essayons pas de généraliser et de vouloir fondre tout dans le même creuset ; c'est la manie française par excellence. Laissons à chaque colonie le libre choix de ses moyens pour assurer la construction et l'exploitation de sa voie de pénétration. Ici un état budgétaire florissant permettra une garantie d'intérêts ; là une division des charges et risques de premier établissement ainsi que des avantages territoriaux s'imposera de toute nécessité. M. d'Agoult, tout en reconnaissant qu'une entreprise est une question d'offre et de demande, préfère la subvention *directe* sous sa forme la plus simple, bien que limitée quant au temps ; il se déclare hostile aux subventions *indirectes* par voie de concessions de terres, attendu que celles-ci ne peuvent être exploitées que par un TRAVAIL FORCÉ et que celui-ci est toujours d'un mauvais rendement économique. Il est permis de penser, cependant, que peu vaut mieux que rien et que ces concessions de terres — l'expérience du Congo belge et du Dahomey le prouve — seront le meilleur mobile de l'activité individuelle, laquelle s'emploiera à leur mise en valeur pour le plus grand bien de la colonie et des indigènes qui recevront des salaires propres à augmenter leurs facultés d'achat et leur bien-être.

Il importe de revenir et d'insister sur les inconvénients que l'on trouve au TRAVAIL FORCÉ des indigènes. N'a-t-on pas cent fois écrit que nos colonies de l'Ouest-Africain n'étaient pas à un degré de civilisation plus avancée que notre France il y a un millier d'années et plus? Eh bien! à ce moment-là, parce que l'état des mœurs le voulait ainsi, parce que l'ignorance du peuple l'éloignait du travail dont il ne comprenait pas les bienfaits et les avantages, parce qu'il n'avait pas de prévoyance, — pas plus que les noirs de l'Afrique d'aujourd'hui, — l'institution des serfs est née d'elle-même, de la nature des choses et des nécessités du moment. Plus tard, au fur et à mesure de l'organisation de la société, de l'établissement du bon ordre, de l'amélioration de la civilisation des individus par le travail jusqu'alors obligatoire, l'affranchissement des serfs s'est imposé et les agglomérations communales ont réclamé et obtenu les libertés successives qu'elles étaient dignes d'avoir, parce qu'elles étaient devenues capables d'en faire un usage raisonné.

Pour gouverner les pays neufs de l'Afrique occidentale, malheureusement si arriérés encore, jetons un coup d'œil sur le passé : profitons des exemples qu'il nous a laissés, en évitant les fautes commises, et employons les lumières de notre expérience des hommes et des choses depuis plusieurs siècles pour hâter, dans une sage mesure, l'accès de nos sujets aux bienfaits d'une existence paisible et laborieuse qu'ils ne comprennent pas encore. Ce sont de grands enfants ; prenons-les par la main et guidons-les, parfois malgré eux, vers ce qui doit être leur bien ; mais, avant tout, SACHONS LES GUIDER. Tenons-nous éloignés aussi bien d'une sensiblerie déplacée que d'un rigorisme injuste. Ce n'est que par le travail que nous améliorerons la condition matérielle et l'état moral de l'indigène ; imposons-lui la nécessité ; ça ne sera pas l'esclavage, puisque son labeur sera rémunéré ; mais, pendant la période de formation et de transition, obligeons-le à un emploi rationnel et régulier de ses forces physiques. Dit-on que nos soldats, liés pour trois ans, sont des esclaves? Sont-ils des esclaves, ces milliers d'ouvriers qui s'embauchent pour une durée déterminée? Si eux ou leurs patrons veulent se soustraire au contrat, nos tribunaux sont là pour les contraindre à en observer les clauses ; en Afrique, les administrateurs de cercles devront aussi veiller à ce que tout se passe en bon ordre.

Mais nous avons déjà développé ces idées précédemment et nous revenons à l'examen de la thèse de M. d'Agoult qui, bien que partisan de la plus grande liberté, en est obligé lui-même de reconnaître, pour l'Afrique tout au moins, les inconvénients. Parlant de la capacité d'achat des indigènes, au sujet des tarifs de chemins de fer à appliquer, il constate que le noir, « plus incapable d'épargne qu'aucun être au monde, subit la fascination de l'étalage et ne s'éloigne des factoreries (cela n'est pas toujours vrai) que lorsqu'il a épuisé la contre-valeur de ce qu'il a apporté », et cela « sans se préoccuper des prix demandés, si les cours ne sont pas variables d'une factorerie à l'autre » ; c'est là précisément la question, ainsi que nous l'avons indiqué. Puis plus loin : « La concurrence peut charger indéfiniment les prix des marchandises d'importation... *Mais ces profits ne durent qu'autant que les excès de la concurrence n'amènent pas la saturation du marché.* C'est la concurrence des importateurs seuls qui produit l'avilissement des prix, non pas l'abstention des indigènes. Les articles ne sont démodés, à leurs yeux, que quand le prix en est avili par la concurrence. » Aussi M. d'Agoult n'hésite pas à recommander des tarifs élevés à l'importation pour les transports par les voies ferrées, afin qu'ils servent *« de frein à ces exagérations de la concurrence qui produisent l'avilissement des prix,* AVILISSEMENT QUI EST NUISIBLE, PENDANT LES PREMIÈRES ANNÉES, A L'ESSOR D'UN PAYS NEUF ». N'est-ce pas là un plaidoyer éloquent en faveur du système de la réglementation appropriée aux besoins économiques de chaque colonie que nous réclamons?

Passant ensuite à l'utilisation économique des voies ferrées de pénétration, M. d'Agoult recherche comment l'action de celles-ci s'exercera en Afrique occidentale et à quelles nécessités elles seront soumises. L'absence de voies carrossables réduira énormément la quantité de marchandises lourdes ou encombrantes ; le volume du trafic sera donc, en général, relativement faible et le prix du tonnage se trouvera forcément élevé par rapport aux tarifs appliqués en Europe. D'ailleurs, le portage revenant actuellement à près de 2 fr. 50 par tonne kilométrique, alors que les tarifs suivis par le chemin de fer du Congo belge donnent une moyenne de 0 fr. 25 à 0 fr. 30, il y a une marge énorme qui permettra d'assurer des avantages considérables sur la situation actuelle ; de plus, pour faciliter les transports à longue distance, on devra adopter des tarifs dégressifs. Élevés pour les articles d'importation, les tarifs devront être aussi bas que possible pour les produits d'exportation, afin de favoriser celle-ci, ce qui augmentera, du même coup, la capacité d'achat de l'indigène. « Incivilisé, il n'a pas de capacité d'achat : il ne peut l'acquérir que si l'écoulement des richesses de son sol est provoqué par des facilités plus grandes. » En tout état de cause, il ne faut pas se dissimuler que la sphère d'influence des chemins de fer de pénétration ne pourra guère s'étendre au delà de 300 kilomètres (c'est peut-être beaucoup) de chaque côté de la voie, et encore pour des marchandises de valeur sous un faible volume ou de toute nécessité.

Pour évaluer le rendement possible de la ligne, il convient donc d'examiner sur quel trafic on peut compter tant à l'importation qu'à l'exportation ; mais, celle-ci n'étant que le corollaire de celle-là, il faut, d'abord, étudier les besoins des indigènes. Ces besoins peuvent se subdiviser en *besoins d'alimentation* et en *besoins factices* ; ces derniers sont ceux que la civilisation éveille chez les indigènes en matière d'habillement, de parures, de logement, d'ameublement, etc. Cette catégorie de besoins est naturellement extensible eu égard à la vanité des noirs des deux sexes; mais comme leur pauvreté ne leur permettra pas, d'ici longtemps, de donner libre cours à leurs fantaisies de luxe, c'est un élément de trafic à négliger pour le moment. Quant aux besoins d'alimentation, c'est différent; s'ils sont relativement limités, ils constituent — suivant M. d'Agoult — un mobile commercial d'une certitude absolue. Le député du Sénégal place au premier rang de cette catégorie le *sel*, « qui est le mobile commercial actuel presque unique et la cause des migrations et des guerres ».

C'est peut-être aller un peu loin. Il ajoute : « Le sel ne vient pas des côtes (erreur partielle !), puisque les fétichistes et surtout la forêt côtière sont impénétrables au trafic. Le sel n'existe pas, non plus, comme produit naturel au Soudan... C'est le Sahara qui extrait de ses salines et fournit au Soudan tout (?) le sel nécessaire à l'alimentation des populations soudanaises. »

M. d'Agoult, pour arriver à démontrer que des voies de pénétration, dans l'Afrique occidentale, pourront facilement trouver des recettes suffisantes et être asssurées d'un trafic rémunérateur, se livre au raisonnement suivant : tout le sel consommé au Soudan et jusque vers la limite de la forêt tropicale (n'oublions pas que celle-ci a plus de 300 kilomètres de profondeur) vient du Sahara. Il vaut 1 franc le kilogramme à Djenné et la barre de 25 kilog. s'y vend 25 francs ; à Bobo-Dialasso (mi-distance de Djenné à Kong), le prix est de 50 francs ; à Kong, enfin, distant seulement de 400 kilomètres du golfe de Guinée, le prix atteint 75 francs. M. d'Agoult ajoute que le sel d'Europe commence à apparaître sur les marchés soudanais et que Siguri semble être le point limite où le sel du Sahara et celui d'Europe se font concurrence. Toutefois les indigènes préfèrent le sel africain, qui s'abîme moins que celui d'Europe qui se détériore vite à l'humidité dans les voyages.

Nous ouvrons ici une parenthèse pour signaler que les caravanes de l'hinterland, les *dioulas*, qui viennent commercer à la côte, ne veulent que du sel fin ; nous savons que des essais répétés, en vue de leur faire prendre du sel en barres importé d'Europe, ont radicalement échoué.

Comme on peut admettre — c'est la thèse de M. d'Agoult — que le sel d'Europe pourra être vendu, même au centre de l'Afrique occidentale, moins de 1 franc le kilogramme, le bénéfice sera encore de 50 %, tous frais de transports payés; le sel européen défiera donc toute concurrence, puisque c'est le prix de Djenné, point peu éloigné de Tombouctou.

Partant de là et invoquant l'autorité de Milne-Edwards, M. d'Agoult estime que chaque indigène doit consommer environ 4 kilog. de sel par an, soit 0 kil. 10 par jour, ou 3 kil. 600 par an ; que la zone d'influence du trafic du chemin de fer s'étendant à 300 kilomètres de chaque côté de la voie, il n'y a qu'à multiplier la quantité de sel ainsi consommé par le nombre d'habitants répartis sur la superficie de kilomètres carrés atteint directement ou indirectement par le chemin de fer, pour se rendre compte des milliers et milliers de tonnes de sel que celui-ci aura à transporter. De la sorte, et de déductions en déductions, le député du Sénégal arrive à prouver que, rien qu'avec le trafic du sel, la recette brute kilométrique serait de 6.750 francs par an. Nous ne suivrons pas M. d'Agoult dans ses autres évaluations qui découlent toutes du raisonnement spécieux qui précède. Nous nous bornerons à présenter les quelques remarques suivantes :

a) Les calculs du savant Milne-Edwards sur la quantité de sel que tout individu doit absorber (environ 4 kilog. par an) peuvent être théoriquement exacts ; observons, toutefois, que ces calculs scientifiques portent sur la race blanche ; les conditions d'existence des noirs de l'Afrique soudanienne leur ont nécessairement échappé. Notons de plus que, en tenant comme applicables aux indigènes les calculs dont il s'agit, il y a une sensible différence — aussi bien en Europe qu'en Afrique — entre *ce qu'il faut de sel* à l'économie humaine et *la façon dont celle-ci se l'assimile* ; l'assaisonnement des aliments y entre pour une faible part. En ce qui concerne les noirs particulièrement, nous pouvons affirmer, parce que nous avons été à même de le voir, au milieu d'eux, en Afrique, que, même dans les endroits où ils sont le plus suivamment en contact avec les Européens, ils n'utilisent le sel que dans une proportion infinitésimale pour leur usage personnel. D'ailleurs, l'on sait que le chlorure de sodium est fort répandu dans la nature et que l'économie animale en absorbe autrement qu'au moyen d'addition à la nourriture. Ce qu'il faut dire, c'est qu'une bonne partie du sel importé d'Europe en Afrique sert à divers usages, étrangers à la consommation individuelle des indigènes ; ceux d'entre eux qui se livrent à l'élevage du bétail, comme les Peulhs du Fouta-Djallon et, sans doute, également les habitants du Mossi, en donnent assez fréquemment à leurs animaux. Quant aux noirs, qui, de nos jours, se livrent, de plus en plus nombreux, à la récolte du caoutchouc, avec une imprévoyante frénésie qui fait mourir les lianes, c'est, le plus souvent, le sel qu'ils emploient pour activer la coagulation du latex.

b) Les statistiques du Dahomey et du Soudan — concernant le sel — invoquées par M. d'Agoult ne nous arrêteront que peu ; nous avons sous la main celles de la Guinée française, et la conclusion qui en découle est trop démonstrative pour ne pas frapper sérieusement l'attention. On connaît l'essor considérable pris par le commerce de cette jeune colonie dont la valeur des importations a passé de 9 millions, en 1898, à plus de 15 millions, en 1899. Or, dans ce chiffre, le sel entre :

En 1898 pour...................... 363.938 francs.
En 1899 — .... 342.663 —

en diminution de 21.273 francs d'une année à l'autre, alors que la progression aurait dû être fortement ascendante, proportionnellement aux autres articles d'importation. En admettant que la mercuriale de la douane guinéenne, pour le sel, soit de 60 francs la tonne de 1.000 kilog., c'est donc un peu plus de 6.000 tonnes de sel qui sont entrées en Guinée française au cours de l'année 1898; l'abaissement constaté en 1899 correspond donc approximativement à 400 tonnes, ce qui est considérable dans un pays à négoce si fébrilement ascensionnel. La population de la Guinée française, avant le décret (18 octobre 1899) qui lui a rattaché cinq cercles de l'ancien territoire du Soudan, se composait d'environ 1.500.000 habitants. La quantité de sel introduit dans cette colonie (environ 6.000 tonnes en 1898) donnerait bien la proportion scientifique de 4 kilog. par habitant; mais comme une part très importante du mouvement commercial se fait avec le Soudan occidental (les anciennes douanes soudanaises en font foi), on admettra facilement qu'une bonne partie de ce sel n'est pas restée dans le pays de Guinée. M. d'Agoult en relève lui-même la présence à Siguiri. D'autre part, la population de la Côte d'Ivoire, avant le décret d'octobre 1899, était évaluée à 2.250.000 individus, dont la majeure partie habite la région des forêts impénétrables, ou à peu près, à tout négoce venant du Norel (Soudan méridional). Or, il est entré, en 1898, 1.211.334 kilog. de sel représentant une valeur de 121.136 francs; en 1899, la quantité importée a été de 1.393.920 kilog., pour une valeur de 137.392 francs. Donc la consommation individuelle n'a guère été que de 560 grammes par année, en déficit de plus de 3 kilog. par habitant sur les données scientifiques de Milne-Edwards et les calculs mathématiques de M. d'Agoult.

Revenons à la Guinée française : les produits d'échange sont venus en bien plus grande quantité, en 1899, que pendant l'année précédente :

Exportations totales des produits 7.799.968 en 1898; 9.461.496 en 1899 ; soit 1.461.528 francs en faveur de 1899. Spécialement l'exportation du caoutchouc s'est accrue de 1 million de francs (5.939.186 francs en 1898 contre 6.993.577 francs en 1899). Ces chiffres, qui sont extraits du *Rapport d'ensemble du gouverneur sur la situation générale de la Guinée française* (p. 13), se passent de commentaires; ils prouvent, à eux seuls, que l'importation du sel n'est pas appelée à une marche régulièrement ascensionnelle; des causes nombreuses peuvent en modifier et même en arrêter le mouvement. Si l'argumentation de M. d'Agoult, au sujet de la consommation progressive de cette marchandise, était exacte, le phénomène de recul que nous avons signalé pour la Guinée française ne se serait pas produit, avec d'autant plus de raison que les caravanes de l'intérieur sont venues en nombre de plus en plus considérable à Conakry spécialement.

Nombre de caravanes entrées à Conakry :

En 1898......... .... 20.153
En 1899.............................. 41.296

soit 21.148 de plus en 1899 (V. *loc. cit.*, p. 123).

Il eût donc été naturel que ces caravanes aient acheté du sel dans une proportion ascendante; c'est le contraire qui s'est produit. Tout calcul mathématique est donc imprudent en cette matière.

c) Si le sel saharien est l'objet d'un trafic important, auquel se livrent avec le Soudan les marchands musulmans, c'est que, en échange, ils recevaient naguère encore des esclaves qu'ils revendaient fort cher au Maroc et dans la Tripolitaine. L'établissement de notre domination à Tombouctou et dans la Boucle du Niger est en train de tuer ce commerce. Les extracteurs et vendeurs de sel sont donc appelés à voir s'amoindrir leur lucrative industrie; pour ramener à eux les caravanes de dioulas absentes, ils baisseront leur prix de vente du sel; car ils tiendront, avant tout, à écouler ce produit qu'ils exploitent depuis un temps immémorial; ils s'arrangeront — on peut en être sûr — de manière à ne pas perdre leur clientèle; comme ils sont, pour ainsi dire, sur place, le temps ne comptant pas pour eux, ils le transporteront loin à peu de frais et ils le vendront à un prix tel qu'il nous sera bien difficile de les concurrencer à une certaine distance de la côte. Il faut donc, selon nous, beaucoup en rabattre des 10 millions de tonneaux kilométriques qu'indique M. d'Agoult avec une logique si forte en apparence, si faible en réalité, et, dans tous les cas, si contraire à la juste appréciation des choses.

d) En tout état de cause, la théorie qui précède ne serait applicable qu'aux voies soudanaises proprement dites et ne saurait avoir aucun effet sur les chemins de fer du Dahomey et de la Côte d'Ivoire; pour cette dernière colonie, surtout, le tracé prévu comporte plus de 200 kilom. en pleine et impénétrable forêt dont les habitants, ne consommant guère de sel à l'heure actuelle, ne seront pas des clients bien sérieux pour cette denrée, tout au moins dans les proportions qui ont été indiquées plus haut.

Le raisonnement de M. d'Agoult péchant par la base, c'est-à-dire par le chiffre initial, on doit considérer que le trafic est infiniment moins assuré qu'il l'indique ; il faut donc chercher autre chose pour intéresser les entrepreneurs et les capitalistes à la construction et à l'exploitation des chemins de fer de l'Afrique occidentale. D'une manière plus générale, M. d'Agoult semble avoir commis la grave erreur de ne pas distinguer suffisamment entre deux sortes de chemins de fer coloniaux : ceux qui servent à l'exploitation, au transport de richesses préexistantes et déjà mises en valeur, et ceux qui sont appelés, par eux-mêmes, à créer des productions. Les conditions d'établissement de ces deux sortes de chemins de fer sont essentiellement différentes : d'un côté, l'on sait, à peu près, ce que l'on fait et où l'on va ; on trouvera donc assez facilement des capitaux ; de l'autre, c'est souvent l'inconnu que l'on escompte, plus ou moins favorablement, à l'aide de raisonnements parfois spécieux ; on ne doit donc pas s'étonner que les capitaux soient réservés si, en dehors de l'entreprise, hasardeuse en elle-même, on ne leur offre pas de larges avantages compensant les risques qu'ils vont courir. C'est donc fort sagement que M. Guy (*loc. cit.*) s'est exprimé ainsi : « Il ne faut pas se figurer, comme aujourd'hui on a tendance à le faire, qu'il suffit de construire une voie ferrée pour que le pays devienne instantanément riche, peuplé et civilisé. Gardons-nous de l'engouement ; car un échec retentissant en pareille matière serait plus préjudiciable à la cause coloniale qu'un succès dû au hasard ne servirait cette même cause. » Puis il constate que, avant d'appliquer un plan d'ensemble adapté aux besoins spéciaux de chacune de nos colonies, il reste à résoudre une foule de questions d'ordre pratique. Cela est vrai.

*
* *

En résumé, tandis que les préférences de M. d'Agoult sont pour laisser une très grande liberté aussi bien dans le choix du tracé que pour les conditions d'exécution, les nôtres — pourquoi le dissimuler ? — sont pour une réglementation appropriée aux besoins de chaque contrée, à ses ressources, à son avenir. « Les constructions de ce genre échappent à toute règle générale. »

L'État semble avoir renoncé à prendre, dorénavant, la charge de la construction des chemins de fer coloniaux. Il paraît n'avoir même plus le désir de subventionner ce genre d'entreprises, ni même d'aider les colonies à trouver de l'argent à meilleur compte, en leur donnant sa garantie. Il préfère traiter ses colonies, si jeunes soient-elles, comme de grandes personnes et leur laisser, sous son contrôle, bien entendu, la faculté de procéder à leur guise : construire, par elles-mêmes, à l'aide de ressources budgétaires ou d'emprunts, ou concéder la construction et l'exploitation en s'y intéressant suivant des modalités diverses, comme cela a eu lieu pour le chemin de fer du Dahomey. Quoi qu'il en soit, et dans tous les cas, il faudra déterminer comment seront rémunérés et garantis les capitaux employés ; sans cela, on n'en trouvera pas. Aussi il convient mieux de dire : « Pas de règles générales, mais des décisions d'espèces », inspirées de la situation géographique, économique et financière de chaque colonie [1].

---

[1] Nous croyons devoir donner ci-après quelques indications spéciales sur les chemins de fer africains déjà existants :

Chemin de fer de Dakar à Saint-Louis.

Coût total de la ligne (264 kilom.), 20 millions de francs ; voie 1 mètre ; en 1898, recettes : 1.690.196 francs ; dépenses : 1.497.697 francs ; donc, recette moyenne, au kilomètre, 6.726 francs, dépense moyenne, 5.673 francs ; bénéfice net, 1.053 fr. ; la garantie d'intérêt de l'État fonctionne.

Les frais annuels d'exploitation au kilomètre se décomposent comme suit :

a) Frais généraux, y compris dépenses de la direction, services sanitaires et autres.................................... 1.342 francs

b) Entretien et réfection de la ligne, renouvellement de la voie et des immeubles.................................... 1.960 —

c) Traction, ateliers et dépôt.................................... 1.760 —

d) Exploitation proprement dite comprenant principalement le mouvement.................................... 1.088 —

Total par kilomètre.................................... 6.150 francs

Ce détail émane de l'Institut Colonial International, alors que le chiffre de 5.673 francs est celui donné au Parlement.

Chemin de fer du Soudan.

Moyenne des dépenses kilométriques d'entretien et d'exploitation.................................... 2.400 francs

(Rapport Riotteau, budget de 1898.)

Chemin de fer du Congo Belge.

Même nature de dépenses.................................... 5.179 francs

(1897-1898)

(Publicité de la Compagnie, 25ᵉ fascicule, p. 46.)

Observons que si le chiffre d'environ 6.000 francs accusé par la Compagnie du chemin de fer de Dakar à Saint-Louis paraît trop élevé — à dessein peut-être — celui du chemin de fer du Soudan semble trop faible.

Nous croyons avoir démontré, non pas seulement — ainsi que le constate M. Le Myre de Vilers — « que la politique coloniale n'a pas justifié les espérances qu'elle avait fait naître au point de vue des résultats positifs...; que le moment est venu de substituer les réalités aux hypothèses ingénieuses ou sentimentales et d'ouvrir l'ère de la mise en valeur méthodique » de notre domaine africain; « qu'il faut renoncer aux artifices d'une mégalomanie décevante, de l'inertie systématique ou de l'égoïsme inintelligent »; mais encore, à l'aide de chiffres et de faits indiscutables, que notre industrie métropolitaine n'a retiré que des bénéfices dérisoires des lourds sacrifices que nous impose, chaque année, notre expansion coloniale. Le système actuellement suivi doit donc changer. Mais ce qui importe non moins sérieusement, c'est que l'instabilité ministérielle, en produisant fréquemment le changement de titulaire du portefeuille des colonies, n'ait pas pour conséquence de brusques changements dans l'orientation des moyens propres à la mise en valeur de notre domaine colonial; il est de toute nécessité que, au Pavillon de Flore, on ait des traditions, comme dans les autres départements ministériels. Il est désirable que l'Administration centrale cesse « d'être méfiante de l'effort privé » et que les pouvoirs locaux ne considèrent plus dorénavant « le colon métropolitain comme un gêneur ».

On a fait beaucoup, dira-t-on; on ne pouvait aller plus vite. « Aux optimistes — répond M. Guy — qui estiment que tout est bien parce que nous avons fait quelque chose, nous dirons que nos colonies ne sont pas assez dotées de leurs outils de pénétration (routes, canaux et voies ferrées), que la main-d'œuvre fait défaut presque partout, que nos colons ne sont pas assez nombreux — ajoutons qu'ils manquent de confiance dans l'avenir — et qu'ils ne savent pas adapter leurs efforts et leur travail aux richesses naturelles du sol et du sous-sol. » Nous avons le droit et le devoir d'imposer à nos sujets africains cette obéissance aux règles que nous leur donnerons et qui est la loi « des peuples enfants », suivant l'heureuse expression de M. Étienne.

Notre avenir social dépend de l'usage que nous ferons de notre domaine colonial. Les progrès de la science, appliqués à l'industrie, ont pour résultat de remplacer, de plus en plus, la main-d'œuvre par les machines ; les conditions de l'existence des travailleurs s'aggravent par des chômages souvent imprévus ; les grèves détruisent les prévisions les plus sages ; les capitaux, trop oublieux que la richesse est une fonction sociale, ne s'ingénient qu'à des placements à la fois sûrs et rémunérateurs ; dans le monde du travail, c'est le souci de l'insécurité du lendemain qui pousse les individus les plus raisonnables à rechercher des emplois fixes, bien que médiocrement rémunérés et dans lesquels ils végètent, sans espoir de réelle amélioration, jusqu'à l'époque de la retraite ; dans le monde des détenteurs de la fortune, on s'efforce généralement de corriger — autrement que par le travail — les inconvénients de la diminution du loyer de l'argent et des revenus ; on ne veut pas renoncer au moindre atome de son luxe ou de son bien-être. On oublie que tout homme, qui naît, ayant droit à l'existence par le travail, c'est à la société à lui en procurer, tout au moins à lui en faciliter les moyens. Le malentendu social s'accuse, plus violent, chaque jour ; ici, beaucoup de capitaux qui ne s'utilisent pas pour l'intérêt général ; là, beaucoup de forces qui restent inutilisées, faute de longs espoirs. Que si l'État donnait aux uns des avantages suffisants dans nos colonies, ils y fonderaient de grandes et multiples entreprises où d'autres, de nombreux travailleurs trouveraient, d'abord, à s'employer avantageusement et, ensuite, à s'enrichir. La solidarité, nécessaire entre le travail et le capital, produirait ainsi d'heureux résultats, possibles seulement dans les pays neufs ; l'intérêt, bien compris, amènerait, de la sorte, les classes sociales à se pénétrer les unes les autres ; la question sociale serait bien près d'être résolue. N'est-ce pas l'intrépide et infortuné René Caillié qui écrivait déjà, il y a plus de soixante-dix ans, que « la France serait sauvée par l'Afrique » ?

Mais, qu'on se hâte ; les colonies attendent ; qu'on ne rebute pas les capitaux et les initiatives qui s'offrent et qui finiront, après avoir trop attendu aussi, en France, par aller s'employer à l'étranger, dans cette riche Amérique du Sud, par exemple au Brésil, qui n'a besoin que d'hommes et d'argent pour payer au centuple les sacrifices qu'on fera pour elle. Ce jour-là, l'opinion publique prononcera la faillite de la cause coloniale en France, tout en sachant distinguer ceux qui l'ont vaillamment défendue de ceux qui l'auront trahie. L'opinion, chez nous, fait encore crédit aux partisans de notre expansion coloniale ; tant que la période de conquête n'était pas close, ceux-ci pouvaient réclamer de la patience ; aujourd'hui que la pacification est complète dans l'Ouest-Africain, on commence à se demander ce que l'on peut bien attendre pour organiser sa mise en valeur. Sont-ce les initiatives qui font défaut ou les capitaux qui manquent ? Nullement. Mais, tous deux, le travail et le capital, réclament certaines sécurités qu'on a tort d'hésiter à leur accorder. Qu'il

y ait de l'ivraie avec le bon grain, c'est possible ; mais les Pouvoirs publics sont là pour opérer le triage. Ils n'ont pas le droit, ayant lancé notre pays dans les dépenses considérables de la politique coloniale, de laisser incultes d'immenses territoires que, de tous côtés, l'on s'offre à mettre en valeur. L'hypnotisme de quelques intérêts particuliers doit disparaître devant l'intérêt public ; il y a, dans l'Afrique occidentale, de la place pour tout le monde, pour tous les systèmes de colonisation.

La presque totalité de nos possessions africaines est en arrière de plus de dix siècles sur notre état social, dont il serait gravement imprudent de vouloir lui inspirer les idées et les institutions, tant au point de vue du régime des terres et du mécanisme économique que de la condition des individus ; il est nécessaire de tenir compte de cette situation et de n'apporter aux indigènes, en fait de progrès, que ce qu'ils sont aptes à recevoir graduellement. Nous les ferons profiter des leçons d'expérience que l'histoire nous a léguées ; le temps, l'exemple et l'éducation, dans leur acception la plus large, accompliront leur œuvre et amèneront progressivement, sans secousse, nos sujets africains aux avantages de la civilisation. Une réglementation prudente, douce et ferme à la fois, leur aura fait comprendre l'utilité du travail pour les conduire aux bienfaits de la liberté.

TABLE DES MATIÈRES

PARIS. — IMPRIMERIE F. LEVÉ, RUE CASSETTE, 17.